META

滚烫元宇宙

6小时从小白到资深玩家

危文◎著

VERSE

电子工业出版社
Publishing House of Electronics Industry
北京·BEIJING

专家推荐

未来，随着核心技术的融合发展，元宇宙将逐渐从概念走向应用，将带给用户具身性的沉浸式体验。本书除了系统化解析元宇宙概念、发展现状、未来趋势，还探讨了未来元宇宙的另一种可能性，提出了以剧本杀为雏形的线下元宇宙概念。

——欢聚集团董事长兼首席执行官　李学凌

元宇宙是人工智能、视觉交互、云计算、区块链等多种新兴技术相融合的产物，是下一代互联网发展的新形态。本书以相关技术和产业现状分析为基础，对元宇宙的发展进行了深入探讨，可以帮助读者较为客观地理解元宇宙。

——迅雷集团董事长兼首席执行官　李金波

区块链协议构建了一个开放、平等、统一的网络环境，较传统金融网络协议而言，显著提高了资产流动效率。基于区块链构建起来的元宇宙，将使现有互联网协议平台上的应用逐步迁移到区块链协议平台，进而对人类社会产生更大的影响。希望本书能帮助更多人深刻地理解这一未来变革趋势。

——BitUniverse 创始人　陈勇

元宇宙概念最初源于游戏行业，游戏《堡垒之夜》与美国著名说唱歌手特拉维斯·斯科特合作打造的演唱会创造性地打破了娱乐和游戏的边界，同时游戏也是元宇宙当前阶段最有可能率先落地的场景。我作为游戏行业的创业老兵，能亲身经历这次互联网变革，为玩家带来更优秀的体验，内心十分激动。希望这本书能帮助更多读者理解元宇宙。

——Habby（海彼）创始人兼首席执行官 王嗣恩

元宇宙是 2021 年每一个人都不能忽视的新趋势。当下，无论你处于什么行业，你都可以从本书中得到启发。本书作者结合从业实践，着眼未来，能更好地帮你开阔视野。

——魔力耳朵少儿英语创始人 金磊

当前，时代整体发展趋势正从物质消费阶段向精神消费阶段过渡，元宇宙概念在此时引爆具有标志性意义。向"虚"而生是人类的天性，不管是数字化元宇宙还是作者提到的线下元宇宙，都在一定程度上揭示了未来精神消费发展的新趋势。

——台湾正念发展协会荣誉理事长 温宗堃

2021 年是元宇宙元年，元宇宙已成为创业者与投资者的关注焦点。本书对从业者以空杯心态了解最新的科技与产品形态，以及思索未来行业发展都有很大帮助。本书作者危文，之前作为知名海外短视频平台的操盘手，对新趋势、新技术行业发展前景，以及海外市场和用户需求有非常深的洞察力，这也使得本书有别于其他学术派相关的科普文，非常值得一读。

——扬帆出海首席执行官 刘武华

或许我们现在无法描绘元宇宙将在什么时候形成、发展成什么形态，但不可否认的是，元宇宙是当前互联网行业发展的巨大机遇，蕴含着无限可能。希望广大读者在阅读完本书后，能够对元宇宙产生新的认知，找到企业发展的新路径。

——云麦科技创始人兼首席执行官　汪洋

在元宇宙概念刚出现时，我就对它可能给人类带来的后果表示担忧，甚至有些偏见。人类本身就极大概率地活在模拟器之中，为什么要给自己再创造一个模拟器呢？但我在读完本书之后，对元宇宙有了更深的认识，尤其是线下元宇宙的概念。推荐对元宇宙感兴趣的朋友阅读此书。

——Emerging Vision 创始人　崔怀舟

危文在传统社交产品领域中沉浸多年，对虚拟空间中的连接和体验有着深入实践，本书是他对自己过往经历和未来趋势的一次完整梳理和迭代，期待危文在元宇宙领域产出更多的作品，并与读者分享。

——潮汐 App 创始人　郎启旭

一些心存疑虑的企业认为元宇宙只是一种幻想，不知何去何从。但回想数十年前，当互联网这一概念出现时，又有多少人有先见之明呢？事实证明，最先入局的玩家才能够借着东风、更轻易地成为互联网赛道上的超级玩家。对于元宇宙这一赛道来说同样如此。

——赫基国际集团创始人兼首席执行官　徐宇

元宇宙概念的普及和落地，代表着各类数字化新技术的成熟，它将带给人们更高效的生活、娱乐方式，满足人们在吃饱穿暖后的多层次精神消费需求。本书深入分析了目前元宇宙相关技术的最新进展和应用案例，为读者及时理解这一概念提供了重要参考。

——北鲲云计算创始人兼首席执行官　冯建新

由虚拟世界联结而成的元宇宙，已被投资界认为是前景广阔的投资主题，大量资本争相涌入元宇宙相关赛道。本书通过多个真实案例，采用通俗易懂的语言，将科技理论与实践应用有机结合在一起，是一本元宇宙的集大成之作。

——触宝科技创始人　王佳梁

什么是元宇宙？元宇宙是一个平行于现实世界，又与现实世界相互交融的虚拟空间，是映射现实世界并支持无限拓展的虚拟世界。元宇宙是一股潮流，当你想加入这股时代潮流时，不妨看看这本书，它将为你揭开元宇宙最真实的面纱。

——MetaApp 联合创始人　周喆吾

在当下移动互联网市场发展放缓的大环境下，元宇宙打开了互联网行业发展的新蓝海市场，未来也会有越来越多的人才进入这一领域创业。本书不仅能帮助读者快速理解这一大趋势，更能帮助大家开阔思路、找到切实可行的创业机会。

——广东省浙江商会常务副会长兼秘书长、广东省侨联常委　程慧秋元宇宙是我们这一代互联网人的情怀与梦想，其具身交互特性能为用户带来前所未有的体验，未来整个社会的经济效率极大可能因此而得到巨大的提升。本书解析了元宇宙概念、技术现状、产业结构，可以帮助读者快速了解这一市场机遇和变革。

——北京雪云锐创科技有限公司创始人 李国锐

元宇宙作为一个融合了 VR、AI、5G、区块链等诸多新兴技术的新型互联网形态，既符合科技发展趋势，又满足了用户对更高效生活娱乐场景的需求。本书从思维与实践两方面对元宇宙进行分析，让读者在阅读后可以对元宇宙有一个全面了解。

——林书豪-李群篮球联盟创始人、CBA 广东宏远队前主教练 李群

2021 年是元宇宙元年，科技巨头和资本纷纷跟进、布局元宇宙，元宇宙这一概念被推上风口浪尖，成为全社会关注的焦点。本书深入浅出地解析了整个元宇宙生态和产业现状，能帮助对元宇宙感兴趣的读者快速把握这一历史性机会。

——北京章光 101 科技股份有限公司董事长 赵胜慧

元宇宙好比一场清醒的梦，是实现人类生活虚实共生形态的通途，也是我们这代互联网人要去追随的下一个新征途。本书的亮点在于，其除了讲解概念，还阐述了作者在线下亲身体验中形成的心得，更有基于当下剧本杀业态对元宇宙背后逻辑的验证和推演。

——传音集团产品总监、广东省浙青会理事 宋炜

可以预见的是，20年后的元宇宙将如这一代的互联网一样给人类的发展历程添上浓墨重彩的一笔。如何运用这一次互联网升级机会，更好地经营线下实体业务，不仅是互联网行业内部需要关注的事情，也同样值得所有线下实体经营者们关注，以实现提前入局、把握时代发展的脉搏。

——广东皮阿诺科学艺术家居股份有限公司副总裁 张开宇

就像做咨询一样，我们只有爬上过高山之巅，才能带领客户穿过丛林迷雾。而这本书，像是作者站在山巅之上，对所有即将登山的人，描绘着山下的一切，告诉所有关注元宇宙的人，新世界本来的面目。

——知名战略营销专家、西方红战略营销创始人 李显红

自古以来，人类文明从未放弃过对平行宇宙的探索。随着区块链、5G等技术的成熟，再加上全球新冠肺炎疫情对经济的影响，元宇宙给各行各业指明了一个新的突破方向。这本书会帮你构建对元宇宙的认知，以便你搭上元宇宙的快车。

——省心科技创始人 刘飞

元宇宙不仅是一次互联网大变革，更是一次思维认知的大升级。本书不但系统阐述了元宇宙的来龙去脉，还创造性地提出了元宇宙的新形态，其不仅对互联网从业者、投资人具有思想启迪作用，也对线下实体行业从业者突破思维具有指引作用！

——喜车房HEYCAR创始人 朱岳涵

2021年，元宇宙已经成为科技圈和投资圈备受关注的话题。Facebook更名为Meta，将元宇宙定为核心战略，英伟达、微软、腾讯、字节跳动等互联网大厂也纷纷布局元宇宙赛道，将元宇宙视为互联网的新机遇。在这一趋势下，广大的互联网企业更要抓住当前企业发展的关键节点，以积极的心态拥抱元宇宙。

——链塔智库创始人 张翔

企业的发展离不开时代的推动，顺势而为，抓住时代的风口，才能够弯道超车，成为行业中的独角兽。在当下的元宇宙大势下，我们有必要深刻了解元宇宙时代的"航海图"，以探索未来的"数字新大陆"。

——数字科技创新研究院院长 蔡宗辉

元宇宙为什么能够在当下大受欢迎？因为其不仅能够带给人们多样的沉浸式体验，更在于其能够创造新的商业模式、引领新的数字经济趋势。因此，元宇宙不仅会指引互联网企业的发展方向，还会对更多领域的企业产生深刻影响。

——中虹源实业有限公司总裁 廖连中

当前，市场上广泛出现的虚拟偶像已经成为趋势，越来越多的真人偶像也开始推出自己的虚拟形象。在元宇宙的助推下，以虚拟偶像为代表的虚拟IP获得了极大的发展。随着元宇宙的发展，虚拟IP将在数字营销中发挥更重要的作用。

——豹变IP创始人、豹变学院院长 张大豆在元宇宙这个潜力无限的市场中，谁先获得元宇宙的入场券，谁就能率先获得元宇宙的红利，实现企业的迅猛发展。在移动互联网红利渐渐消退的当下，更富想象力的元宇宙无疑为企业的发展提供了一个新的选择。

——北京甜柚网络有限公司创始人 黄斯狄

推荐序

2020年4月24日，美国著名说唱歌手特拉维斯·斯科特（Travis Scott）与多人对战游戏《堡垒之夜》联动，在全球各大服务器上演了一场名为"Astronomical"的沉浸式大型演唱会，共吸引了超过1200万名玩家观看。紧接着，Epic Games的CEO蒂姆·斯维尼（Tim Sweeney）抛出了元宇宙这个概念。2021年3月，这个概念在Roblox上市时被引用。就这样，元宇宙概念逐渐在互联网圈子里流传开来。没过多久，Facebook的马克·扎克伯格（Mark Zuckerberg）宣布，他的公司将在五年内转型为一家元宇宙公司，扎克伯格还在10月底的Connect大会中宣布，将其公司更名为Meta。扎克伯格的举动引发了互联网行业的众多探讨，包括微软在内的一系列科技公司纷纷宣布入局元宇宙，而币圈也突然借NFT（Non-Fungible Token，非同质化通证）推波助澜。除此之外，大众所熟知的《头号玩家》《失控玩家》等电影中提到的相关概念也被媒体反复引用。一时间，元宇宙被推上了风口浪尖，成为社会各界密切关注的超级热点。

事实上，元宇宙这一概念虽然火爆于2021年，但它其实只是新瓶装旧酒罢了。早在1992年，"Metaverse"（元宇宙）一词就已经出现在科幻小说《雪崩》（*Snow Crash*）中。之后，《黑客帝国》《西部世界》等影视作品中均有关于元宇宙这一虚拟世界的详细描绘，不过这些都只是人们对元宇宙的想象。随着 Roblox 借元宇宙概念不断发展，众多互联网企业纷纷布局元宇宙，元宇宙这一概念仿佛在一瞬间成为新的热点，并在互联网行业遍地开花。为什么元宇宙会在当前节点爆发？为什么全球资本纷纷跑步入场？

一方面，技术的发展需要新产品的推动。从本质上来说，元宇宙是融合了多种新兴技术而产生的虚实相融的新型互联网形态，与此相关的核心技术有虚拟现实、人工智能、云计算、5G 和区块链等，这些技术在某种程度上已经发展成熟，甚至像脑机接口这种生命科学与信息技术的交叉技术在近几年也有了新的突破。互联网的意义在于提升人们的效率，无论 PC 互联网时代还是移动互联网时代，互联网企业都在一刻不停地寻找更高效的产品形态。随着相关技术的成熟，在如今移动互联网市场增速放缓的大环境下，技术迫切需要以一个新的互联网形态来大施拳脚。因此，融合了多种技术、能够容纳海量用户和内容的元宇宙概念无疑为互联网行业注入了一针兴奋剂，而这些技术的融合与发展也为元宇宙的萌芽提供了技术理论基础。

另一方面，用户渴望新体验。可以说，人类的漫长发展史，每个阶段都像是一个不同群体相信什么"故事"就会产生相应社会结构的过程。从某种意义上讲，这种虚构故事的能力，或者说构建虚拟现实的能力，是人类创造和迭代现实世界的基础。同时，从人类进化史中，我们可以发现一个现象：人类会在虚拟世界补偿那些现实世界中的缺憾。事实上，人类很早就建立起了一个个虚拟世界来寄托精神和补偿缺失，比如古代的诗歌、绘画和戏曲，现代的小说、影视、游戏及剧本杀，种种创作皆是如此。大家都喜欢即时快乐，现实世界中的经历不可重来，而在虚拟世界却可以多次重生，从而反复获得即时快乐，这种天然属性对人类来说有着不可抗拒的吸引力。事实上，这也正是游戏设计的底层逻辑。因此，大批用户愿意去尽情体验那些沉浸感、补偿感更强的虚拟世界产品，哪怕目前这些产品还只能算是一个概念。

所以，当元宇宙这个为技术侧提供巨大发挥空间、为需求侧提供广阔想象空间的概念被引爆时，科技企业和资本市场对它的密切关注也就不足为奇了。在一些互联网公司的探索实践下，目前已经出现了一些碎片化的元宇宙游戏场景、社交场景和工作场景，这些成果能够为人们带来一种类似元宇宙的初阶体验。未来，随着核心技术的进一步发展，在资本市场的助推下，还将出现更多的元宇宙应用，那些碎片化的虚拟世界场景也将走向融合，最终形成一个完善的元宇宙生态。

除了系统化拆解元宇宙概念，并对其发展现状和未来趋势进行阐释，本书作者还基于市场调研，创造性地提出了未来元宇宙形态的另一种可能性——线下元宇宙。线下元宇宙是以当代线下剧本杀为起点，通过不断融合文旅项目，最终建立实景虚拟世界的一种新型元宇宙形态。主流观点下的数字化元宇宙形态，不仅需要强大的技术支持，而且面临着较大的政策不确定性，显然还需要经历长期的摸索和博弈。相比之下，线下元宇宙是从我们所在的现实世界自然延伸出来的虚拟世界，相较于数字化元宇宙，它的实现路径更短、外部经济性更显著，并且更容易获得政策支持。因此，线下元宇宙的设想或许同样值得大家关注。

李学凌

欢聚集团董事长兼首席执行官

前　言

2021年被大多数人称为元宇宙元年，谷歌、Facebook、苹果、微软、华为、腾讯、字节跳动等国内外互联网公司纷纷入局元宇宙。2021年3月10日，沙盒游戏平台Roblox成为第一个将元宇宙概念写进招股说明书的公司，其在纽约交易所上市首日，市值就突破了400亿美元，引爆了科技圈和资本圈。自此，元宇宙的概念引发了社会各界的关注和讨论，各路媒体争相报道，形成了元宇宙现象。

什么是元宇宙？元宇宙是一个平行于现实世界，又独立于现实世界的虚拟空间，是映射现实世界的在线虚拟世界，是趋于真实的数字虚拟世界。维基百科对"元宇宙"的描述为：通过虚拟增强的物理现实，呈现收敛性和物理持久性特征的，基于未来互联网的，具有链接感知和共享特征的3D虚拟空间。

对元宇宙的设想，很早便在影视作品中有所体现。1982年的《电子世界争霸战》展现了人类进入虚拟世界的想象；1999年的《黑客帝国》讲述了人工智能（Artificial Intelligence，AI）控制"现实世界"的故事；2018年的《头号玩家》构建了虚拟世界"绿洲"；2021年《失控玩家》中的"自由城"已经极为接近现在的元宇宙概念。从这些影视作品中可以看出，人类对于虚拟世界的探求从未停止。

2020年，新冠肺炎疫情（下文简称疫情）的突然爆发，让远程协作等相关领域被越来越多的人接受，进一步加速了元宇宙的发展。美国歌手特拉维斯·斯科特在 Epic Games 旗下的游戏《堡垒之夜》中举办了一场线上演唱会，共有1200万余名玩家参与，在为玩家提供新的沉浸式体验的同时，也拓展了应用元宇宙的新场景。

目前，与虚拟世界联结而成的元宇宙，已被投资界视为前景广阔的投资主题，大量资本争相涌入元宇宙相关赛道。但是，元宇宙在飞速发展的同时也不免引发了人们的一些担忧，即全员进入虚拟世界，是否会导致人类停止对外部资源的求索，引发人类文明的内卷？

对此，我们需要找到平衡虚拟世界与现实世界发展的方式。根据虚拟现实补偿论，任何能带给人们沉浸感、参与感、补偿感的外部经济性虚拟现实形态都可能受到欢迎。那么，实现路径更短、外部经济性更显性的线下元宇宙也许是平衡虚拟世界与现实世界的最优解。

不同于脱离现实世界而存在的线上元宇宙，线下元宇宙依托现实世界的资源而存在。例如，现在大热的剧本杀就非常接近线下元宇宙的雏形，其利用剧本、道具和场景模拟出一个令人沉浸其中的虚拟世界，让玩家从中获得情感的寄托和补偿，以丰富精神世界。

剧本杀等线下元宇宙的构建是实体经济破圈的重要手段，不仅与国家宏观经济发展政策不谋而合，而且在实现路径上远远短于线上元宇宙，无须技术的跨越式发展。目前，剧本杀等线下元宇宙已经和文旅等产业密切结合，爆发出了极强的创新能力，受到了年轻人的热烈欢迎。

  本书不仅对现在火爆的元宇宙概念，包括其产业现状、未来趋势等进行了全面解析，还对元宇宙概念进行了拓展，提出了线下元宇宙这一新思路。希望广大读者在阅读完本书后，能够对元宇宙产生新的认知，找到企业发展的新路径。

目 录 /

入门篇

第 1 章　元宇宙：平行于现实世界的虚拟世界

1.1　元宇宙初探：什么是元宇宙　/004

1.2　体验的价值：元宇宙提供多元化体验　/015

1.3　向着数字世界进发：疫情的催化+Z 世代的召唤　/024

第 2 章　产业现状：产业链逐步形成，稳步发展

2.1　三股势力成为元宇宙赛道的先锋　/030

2.2　元宇宙产业链：多层产业链连接技术与应用　/035

2.3　发展路径：切入点不同但殊途同归　/043

第3章 BAND：构建元宇宙的四大技术支柱

3.1 区块链：元宇宙的"补天石" /050

3.2 游戏：为元宇宙提供交互内容 /056

3.3 算力网络：保证信息传输和计算能力 /062

3.4 展示方式：提供交互方式 /066

第4章 大势所趋：元宇宙成为互联网发展的下一阶段

4.1 互联网的发展是构建元宇宙的基础 /072

4.2 元宇宙是互联网的下一时代产物 /075

应用篇

第5章 资本涌入：元宇宙市场风起云涌 /085

5.1 新商业模式+新投资机会 /086

5.2 国内外巨头入局，布局新蓝海 /090

5.3 新秀崛起，成为投资指向标 /096

第 6 章 游戏+社交：元宇宙的入口

 6.1 游戏 VS 元宇宙：以虚拟游戏空间探索元宇宙 /102

 6.2 社交 VS 元宇宙：以虚拟社交空间探索元宇宙 /107

第 7 章 虚拟数字人：向元宇宙"迁徙"的数字人类

 7.1 虚拟数字人是元宇宙中的原住民 /116

 7.2 虚拟数字人融入现实世界已是常态 /121

 7.3 聚集目光，众企业不断加码 /127

展望篇

第 8 章 融合交互：元宇宙与现实世界的碰撞

 8.1 多平台向统一平台演进 /138

 8.2 虚拟世界与现实世界的界限更加模糊 /141

第 9 章 品牌虚拟化：虚拟世界营销+虚拟品牌

 9.1 元宇宙变革品牌数字化营销 /152

 9.2 虚拟品牌萌芽，虚拟产品层出不穷 /163

第 10 章　资产虚拟化：重塑数字经济体系

10.1　经济体系是构建元宇宙的重要基础　/176

10.2　NFT 推动数字内容资产化　/183

10.3　NFT 助力内容资产价值重估　/196

第 11 章　线下元宇宙：剧本杀模拟新世界

11.1　路径更短的虚拟现实形态　/200

11.2　线下元宇宙雏形：剧本杀　/207

11.3　线下元宇宙未来展望　/217

第 12 章　元宇宙的未来：道路曲折但前途光明

12.1　元宇宙中的担忧　/230

12.2　技术尚待发展　/236

12.3　奇点临近　/238

01

入门篇

第一章

元宇宙：平行于现实世界的虚拟世界

2021年，元宇宙这个新奇的概念在互联网行业急速升温，一众互联网巨头将发展的目光瞄向元宇宙，同时元宇宙也成为大咖们投资的蓝海市场。那么，让这些巨头和资本看好的元宇宙究竟是什么？就目前来看，虽然元宇宙是一个十分科幻且带有神秘色彩的概念，但我们仍然可以从其起源和发展的角度一窥究竟。

1.1 元宇宙初探：什么是元宇宙

在探索元宇宙时，仅通过一个概念，我们很难对元宇宙形成更加深刻、完整的认知。元宇宙是如何从科幻小说走进现实的？元宇宙搭建了一个怎样的生态？实际上，只有在了解了更多元宇宙的内容之后，我们眼中的元宇宙才会从一个单纯的概念变为一个奇幻瑰丽的虚拟世界。

1.1.1 起源：从超元域到元宇宙

当前，在互联网行业及投资圈中，元宇宙无疑是一个热词，但它却不是一个新概念。早在1992年，元宇宙"Metaverse"的概念就已经诞生，到了2021年，这个概念被引入投资圈，并引起了大众的广泛热议。

1992年，美国科幻作家尼尔·斯蒂芬森在其小说《雪崩》中提出了"Metaverse"这一概念。他在书中描绘了一个平行于现实世界的虚拟世界"Metaverse"，人们可以通过Avatar（化身）在虚拟世界中进行游戏、社交。

书中是这样描述"Metaverse"的："和现实世界中的任何地方一样，这里也需要开发建设。在这里，开发者可以构建街道，修造楼宇、公园，以及各种现实中不存在的东西，如悬在半空的巨型灯牌、无视三维时空法则的街区、自由格斗地带等。"

从中可以看出，作者通过"Metaverse"描绘了一个基于科幻想象的虚拟世界，或者说是未来的虚拟世界。然而，在小说的中文译本中，"Metaverse"一词被翻译为"超元域"。

2021年3月，沙盒游戏平台Roblox将"Metaverse"写进了招股书并成功上市。此后，"Metaverse"的另一种译称"元宇宙"开始火爆投资圈，并逐渐引起越来越多互联网巨头的关注。

为什么元宇宙这样一个源于科幻小说的概念会火爆投资圈呢？

一方面，在元宇宙未与资本挂钩之前，人们已经对这个奇幻的虚拟世界进行了各种各样的想象，这为元宇宙走进投资圈提供了认知铺垫和投资契机。

在互联网普及过程中，数字化的发展使构建虚拟世界成为可能。在这一背景下，美国Linden实验室推出了网络游戏《第二人生》，向玩家提供虚拟土地，玩家可以通过自主创造，在游戏中建立一个与现实世界平行的虚拟世界。

而后，随着技术的发展，人们的想象力被极大激发，产生了更多关于元宇宙的想象。美剧《西部世界》设计了一个类似元宇宙的玩法，游客进入虚拟世界后，可以根据自己的选择体验个性化的旅程。美中不足的是，在虚拟世界中与游客互动的多为NPC（Non-player Character，非玩家角色），由于NPC的记忆会被清空，因此游客无法获得连贯的虚拟世界体验。

不同于《西部世界》，电影《头号玩家》更完整地描绘了元宇宙的样貌。《头号玩家》描绘了一个虚拟世界"绿洲",如图 1-1 所示。

图 1-1 《头号玩家》中的虚拟世界"绿洲"

在"绿洲"中,人们可以凭借自己的兴趣从事各种创造性的工作,获得"绿洲币",并以此作为结算的报酬。人们还可以在"绿洲"中消费"绿洲币",或将其兑换为现实世界的货币。"绿洲"中有完整运行的经济体系,数据、数字资产、数字内容等都可以在其中通行,人们可以在这个世界中使用已有的设施,也可以自己建造新的设施,进而丰富这个虚拟世界。

另一方面,当前元宇宙的内涵已经超越了《雪崩》中描述的虚拟世界,各种先进技术的发展为元宇宙从幻想走进现实提供了路径。《雪崩》中的"Metaverse"更多的是对虚拟世界充满科幻意味的想象,而当下语境中的元宇宙汇集了信息技术革命、互联网技术革命、人工智能革命及虚拟现实技术革命的一系列成果,展现出了构建平行于现实世界的虚拟世界的可能性。在技术加持的光明前景下,元宇宙一经引进,就在投资圈产生了剧烈的冲击波。

从超元域到元宇宙,"Metaverse"从小说中的想象变为互联网行业发展的新方向,投资者眼中的香饽饽。虽然在元宇宙何时到来这一问题上众说纷纭,但不可否认的是,在光明前景的引领下,越来越多的企业和投资机构即将入局,力求成为新时代的弄潮儿。

1.1.2 生态梳理:元宇宙的7层构成要素

元宇宙并非单纯指某个游戏场景或社交空间,成熟的元宇宙体系能够形成一个由创作者驱动、以去中心化为基础的完整生态。具体而言,元宇宙包含7层构成要素,如图1-2所示。

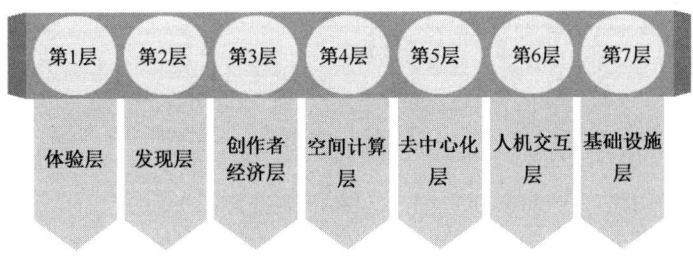

图1-2 元宇宙的7层构成要素

第1层:体验层

很多人认为,元宇宙就是把现实世界搬到线上,在虚拟世界里打造虚拟的三维空间。但事实上,元宇宙既不是三维的,也不是二维的,而是对现实空间、距离及物体的"非物质化"。现实生活中无法实现的体验在元宇宙中都会变得触手可及。

以游戏为例,在游戏里玩家可以成为任何角色,如歌星、赛车手等，并通过自己的角色获得不一样的体验。同时，游戏世界可以融入现实世界的各种场景，并带给玩家更好的体验。例如，现实世界中演唱会前排的位置十分有限，很多处于后排位置的观众无法获得很好的观看体验，但如果将演唱会搬到游戏中，虚拟世界的演唱会可以生成基于每个玩家的个性化影像，玩家无论身处什么位置，都能够获得最佳的观看体验。

第2层：发现层

发现层聚焦于将人们吸引到元宇宙的方式。具体而言，发现层中的发现系统可分为以下两种：

（1）主动发现机制：用户自发找寻。主动发现机制包括实时显示、社区驱动型内容、应用商店及内容分发等，可以通过搜索引擎、口碑媒体等实现。

（2）被动输入机制：在用户并无确切需求、没有发起选择时推荐给用户。被动输入机制包括显示广告、群发型广告投放、通知等。

以实时显示为例，浏览社区的主要形式就是实时显示。实时显示功能聚焦于当下人们的动向，这在元宇宙中是十分重要的，元宇宙的重要价值体现于在共有体验基础上的玩家之间的双向互动。同时，对于创作者来说，元宇宙多种活动的实时查看功能是发现层的重要功能。在这一功能下，创作者能够实时了解多种活动的动向，获得多样的活动体验。

第3层：创作者经济层

在元宇宙中，用户不仅可以体验多样的场景，还可以自由创作，形成创作者经济。创作者经济层中包含创作者用来创作的所有技术。借助各种工具和模板，创作者可以自由发挥想象，打造极具创意的内容。

当前，Roblox、Rec Room等游戏平台中已经集成了大量创作工具，人们可以借此在虚拟世界中进行自由创作。而未来在元宇宙中，借助更多样化的设计工具，创作者可以完成更多样的创作，通过元宇宙中的资产市场进行交易，从而获得收益。

第4层：空间计算层

空间计算层的软件算法能够把人或物转化为数字地图，创建一个可量化、可操纵的数字世界。这为混合现实、虚拟计算提供了解决方案，能够消除现实世界和虚拟世界之间的障碍。

元宇宙的空间计算层包含各种连接现实世界和虚拟世界的软件，包括显示几何和动画的3D引擎；地理空间映射和物体识别、语音和动作识别等来自设备的数据集成技术，以及来自人的生物识别技术；支持并发信息流和分析的用户交互界面等。

第5层：去中心化层

元宇宙是一个去中心化的世界，不受某一个公司或者国家的控制，每个人都可以在这个世界里自由、无限地创作内容。谁在元宇宙中创造的价值多，谁就会获得更多的回报。同时，对于自己创作的内容，创作者拥有独立的数据主权。

在这方面，区块链技术将为元宇宙的去中心化运行提供支持。首先，在DAO（Decentralized Autonomous Organization，去中心化自治组织）中，元宇宙的规则被编码部署在区块链上的智能合约中，以保证各项活动和交易公平公正。其次，区块链技术可以实现元宇宙的分层治理，以加强对生态系统的保护并减少网络时延。最后，区块链技术可提供完整的去中心化基础设施，并在此基础上实现去中心化经济。

第6层：人机交互层

在人机交互层，微设备与人类躯体的结合将更加紧密。当前，已经出现了AR（Augmented Reality，增强现实）眼镜、VR（Virtual Reality，虚拟现实）头显等。同时，越来越多的企业正在验证其他人机交互方式的可能性，打造更加先进的人机交互设备，例如，可集成到服装中的可穿戴设备，可印在皮肤上的微型生物传感器等。

第7层：基础设施层

基础设施层包括支持人们进入元宇宙的设备，以及将现实世界和虚拟世界连接到网络并提供内容的技术。例如，高速度、低时延、大宽带的5G网络，甚至是未来更高性能的6G网络；实现未来移动设备、显示设备和可穿戴设备所需要的高性能、更小巧的硬件设备，如3纳米芯片、支持微型传感器的微机电系统、持久耐用的电池等。

1.1.3 元宇宙的四大核心属性

元宇宙是虚拟与现实互通、拥有闭环经济体系的开源生态，虽然现在还无法描述元宇宙的最终形态，但我们仍然可以从其核心属性对元宇宙展开想象。元宇宙拥有四大核心属性，如图1-3所示。

图 1-3　元宇宙四大核心属性

1. 同步和拟真

元宇宙中的虚拟世界和现实世界互通并高度同步，交互体验也十分逼真。同步和拟真意味着现实世界中产生的一切活动都将同步到虚拟世界中，同时，用户在虚拟世界中进行交互也能得到真实的反馈信息。

2. 开源和创造

开源包括技术开源和平台开源。元宇宙借助各种标准和协议将代码进行封装和模块化，用户可以根据自己的需求进行创造，丰富虚拟世界，不断扩展元宇宙边界。同时，正是基于这种可创造性，元宇宙才能够一直运行下去。

3. 持续性

持续性是从时间角度来讲的，如果把元宇宙比作一个游戏，那么它就是一个"永不结束的游戏"。怎样理解元宇宙的这种持续性呢？元宇宙是跨越周期的，既不会随着某个运营公司的消亡而消亡，又不会因为某个国家的消亡而消亡，它能够跨越企业兴衰的周期和国家兴衰的周期。元宇宙不会消失，而是会在创作者的共建中无限期地持续下去。

4. 闭环经济系统

元宇宙中有完善的闭环经济系统，用户的生产和工作等活动的价值可以用元宇宙中统一的虚拟货币来衡量。用户可以在元宇宙中工作赚钱，使用虚拟货币在元宇宙中消费，也可以将其兑换为现实世界中的货币。经济系统是驱动元宇宙不断发展的引擎。

1.1.4 聚焦八大特征，走进元宇宙不是梦

2021年，随着Roblox的成功上市，元宇宙概念火爆出圈，"元宇宙+"成为席卷互联网和金融等行业的新潮流。Roblox是一款兼容了虚拟世界和自建内容的沙盒类游戏平台，玩家可在平台上自由创建游戏。同时，Roblox上的玩家拥有独立身份，能够在虚拟世界中使用虚拟货币，并且虚拟货币能够与现实世界的货币进行双向互换。虚拟世界中包含经济体系和虚拟货币，玩家拥有独立身份，可以自行开发内容，这些都是构成元宇宙的基本元素。可以说，Roblox的游戏模式是一个元宇宙的雏形。

那么，真正的元宇宙是怎样的呢？Roblox的CEO大卫·巴绍茨基曾表示，元宇宙具有八大特征。

1. 身份（Identity）

从身处其中的体验来看，人们需要一个虚拟身份，如歌手、医生、老师等，这个身份与现实世界中的身份是一一对应的。

2. 朋友（Friends）

元宇宙中有完善的社交网络，人们可以在元宇宙中与真人社交，结识朋友。

3. 沉浸感（Immersive）

人们对元宇宙的感受是沉浸式的，具有真实感。一方面，人们可以在逼真的虚拟世界中产生真实感；另一方面，人们可以借助VR设备、动作捕捉设备等沉浸在虚拟世界中，身临其境般地感受虚拟世界的奇幻。

4. 低时延（Low Friction）

时延指的是数据从客户端到服务器再返回客户端耗费的时间。为了保证更好的体验，无论进入元宇宙，还是在其中活动，人们都需要低时延的网络。

5. 多元化（Variety）

元宇宙是多元化的，其不仅能够实现现实生活中的各种场景，还能够打造出各种现实中不可能实现的奇幻空间。大量差异化的内容能够支持人们多样、长期的兴趣。

6. 随地（Anywhere）

随地即人们不受地点的限制，可以随时随地出入元宇宙。这主要表现在两个方面。一方面，元宇宙能够实现低门槛进入，让更多愿意探索元宇宙的人进入元宇宙；另一方面，元宇宙拥有多端入口，无论通过 PC 端还是移动端，人们都可以轻松进入元宇宙。

7. 经济系统（Economy）

元宇宙中有完整的经济系统，人们可以在其中交易，获得报酬。同时，元宇宙中的经济系统与现实世界的经济系统是连通的，可实现资金的自由流动。

8. 文明（Civility）

元宇宙要具有安全性和稳定性，人们可以在元宇宙中体验和创作，在虚拟世界大繁荣的过程中形成独特的价值理念和文化特征，最终形成新的文明。要想产生新的文明，需要一个漫长的过程，需要在元宇宙的长期发展中孕育。

作为提出以上八大特征的先驱，在巴绍茨基的带领下，Roblox 在以上很多方面进行了尝试。例如，在沉浸感方面，Roblox 正在测试一项名为"空间语音"的功能，该功能可以为玩家提供一种更具沉浸感的互动方式，如图 1-4 所示。

图 1-4　玩家在游戏中通过语音和手势互动

在现实世界中，人们会通过声音和动作进行社交、互动，如欢呼着向朋友招手，高喊着和朋友拥抱等，在游戏中实现这些场景能够增强玩家的沉浸感。"空间语音"功能上线后，玩家能够自然地在游戏中与其他玩家进行语音聊天，可以向远处的玩家呼喊或者和近处的玩家低声私语。这种反映现实空间中声音传播方式的语音功能更能增强虚拟世界的真实感。

1.2 体验的价值：元宇宙提供多元化体验

元宇宙作为当下的风口，具有值得深入挖掘的巨大价值，能够在多方面带给人们更新奇的体验。分析用户在元宇宙中能够获得怎样的体验是研究元宇宙的重要问题。根据元宇宙的特征，用户在元宇宙中可以获得游戏、社交、内容、消费等多方面的体验。

1.2.1 游戏体验：游戏与元宇宙密不可分

元宇宙的搭建与游戏密切相关，虚拟世界的建设需要依托游戏技术的实现。游戏为元宇宙提供了展现方式，同时也为元宇宙用户提供了更加沉浸和多元的体验。目前，以 Roblox、《堡垒之夜》等为代表的游戏平台和游戏已经得到了市场认可。基于游戏，元宇宙能够为用户提供多元的泛娱乐体验。

元宇宙的核心是打造基于现实世界的虚拟世界，这与游戏的产品形态十分相似。游戏是搭建元宇宙的底层逻辑，同时元宇宙也会在游戏的基础上进一步延伸。

第一，游戏和元宇宙都打造了一个虚拟世界，其中，游戏通过打造地图和场景，搭建了一个有边界的虚拟世界。例如，开放世界游戏《侠盗飞车5》（*Grand Theft Auto 5*）打造了一张洛圣都大地图，通过精细化场景的打造丰富了玩家的探索体验，玩家在游戏中也有一定的自由度。游戏是元宇宙展现方式的基础，在这个基础上，元宇宙最终将变为一个边界持续扩张的虚拟世界，能够承载不断扩张的内容体量。

第二，游戏和元宇宙都会给予用户一个虚拟身份，支持虚拟形象的个性化打造，能够让用户以这个虚拟身份进行娱乐、社交、交易等。例如，在社区养成游戏《摩尔庄园》中，玩家可以个性化选择自己虚拟形象的肤色、发型、服装、配饰等，同时可以借此虚拟形象与游戏中的其他玩家交流、结成邻居、共建庄园等。

不同的游戏有不同的身份系统和社交系统。但是，元宇宙作为一个统一的体系，需要提供统一的身份系统，以便用户形成完整、多样的社交关系。这能够为用户提供更好的游戏和社交体验，增加用户黏性。

第三，游戏引擎是元宇宙打造沉浸式拟真虚拟世界的必备能力。元宇宙作为大规模实时交互的数字场景，需要具备实现高度拟真的能力，并且需要将这种能力以工具化的形式提供给用户。游戏引擎为此提供了解决方案。当前，游戏行业内的 Unreal Engine 4 和 Unity3D 引擎已经实现了人物、场景的拟真制作，同时游戏引擎仍在不断发展之中。未来，随着引擎能力的不断提升，更高拟真表现力和更加便捷的引擎将推动元宇宙的发展。

以 Roblox 为例，基于内容创作生态带来的游戏自由度，其"元宇宙雏形"的定位得到了广泛认可，同时也为玩家提供了不同于传统游戏的新奇体验。Roblox 支持沙盒类游戏的创作和体验，提供便捷实用的创作工具，帮助玩家产出丰富、有创意的游戏内容。

Roblox 产品包括 Roblox 客户端、Roblox Studio 和 Roblox Cloud 等。Roblox 客户端是玩家进入并探索虚拟世界的应用程序；Roblox Studio 为玩家提供工具集，玩家可借此进行虚拟世界的创造和运营；Roblox Cloud 涵盖为玩家提供支持的服务和基础设施。

借助这些产品，玩家可以在 Roblox 上自由创作各种游戏，也可以享受丰富多样的游戏体验。Roblox 具有上百万个游戏，其涵盖了体育、角色扮演、经营养成、动作射击等多方面的内容，能够满足玩家多样化的游戏需求。同时，玩家在体验游戏之余也可以自己创作游戏，并从中获得收益。Roblox 官方数据显示，截至 2020 年年底，有 127 万人通过开发游戏获得收益，845 万个游戏得到了玩家的访问。

由此可见，相比于场景有限、玩法单一的传统游戏，作为元宇宙雏形的 Roblox 能够提供更多样的游戏体验。形态成熟的元宇宙，必然会在游戏体验上实现沉浸感、多元化等多方面的升级。

1.2.2 社交体验：身临其境的多元社交场景

在社交方面，元宇宙能够为用户提供身临其境般的丰富社交体验，这得益于游戏性带来的丰富社交场景和沉浸式社交体验。

同时，虚拟身份能够淡化物理距离、社会地位等因素引发的社交障碍，给予用户更强的代入感。

一方面，基于游戏性，元宇宙能够提供丰富的社交场景和沉浸式社交体验。在游戏中，玩家的各种游戏行为自然承载着社交功能，如在《魔兽世界》中，玩家间的公会、好友系统等都具有社交属性。除了游戏互动，Roblox和《堡垒之夜》也提供了更多的社交功能，允许玩家在虚拟世界中聚会、召开演唱会等。同时，借助VR设备，玩家可身临其境地体验虚拟世界中的场景，并与其他玩家进行实时、自然的沟通。未来，随着元宇宙的不断成熟，其带来的沉浸感和拟真度也会不断升级，能够为用户提供更强沉浸感的社交体验。

以Roblox为例，其平台上拥有大量具有社交属性的游戏，玩家可在游戏中共同体验游戏、共同打造游戏场景。同时，Roblox还开设了"Play Together"（一起玩）、"Party Place"（派对举办地）等新社交形式，丰富了玩家的社交体验。同时，Roblox中的游戏强调线上线下好友的实时互动，进一步丰富了玩家的社交体验。

另一方面，虚拟身份能够减少现实中的社交障碍，让用户有更强的代入感。通过打造个性化虚拟身份，用户可以凭自己的喜好设计虚拟形象，从而获得更强的代入感。例如，在Roblox中，玩家可以自行设计道具来彰显个性。同时，虚拟世界中的社交能够消除各种社交障碍，如因物理距离、相貌、社会地位等因素造成的障碍，使用户可以自由、平等地表达自我。

社交App Soul在这方面做了有关探索。Soul为用户提供了一个虚拟身份，用户可以通过"捏脸"的方式自行设计理想化的虚拟形象，并编辑个人资料。凭借这个虚拟身份，用户可以自由展示自己的个性和才华，不会受到现实身份，如年龄、长相、社会地位等的限制。

同时，Soul 注重基于兴趣图谱的社交方式。Soul 为用户生成兴趣图谱，据此将用户送到不同的"星球"，并根据兴趣图谱推送内容和具有相似兴趣的其他用户。用户可以通过"灵魂匹配""群聊派对""语音匹配""视频匹配"等方式找到与自己志同道合的人，如图 1-5 所示。

图 1-5　Soul 中的社交功能

Soul 的特殊之处在于，用户在虚拟空间中建立的社交关系网不是线下关系在线上的映射，而是基于个人虚拟身份、Soul 的关系推荐引擎形成的新的社交关系网，这会带给用户更沉浸的社交体验和归属感。

当下，许多元宇宙领域的公司都在社交场景、社交形式、社交沉浸感等方面进行了探索。可以想象，在未来的元宇宙中，社交功能将更加丰富，更多社交娱乐方式和打破虚拟与现实边界的方式将会出现，社交元宇宙的发展值得期待。

1.2.3 内容体验：丰富的内容供给和沉浸式的内容体验

基于用户的不断创造，元宇宙会保持持续扩张的状态，这也是元宇宙持续发展的重要因素。元宇宙对内容的体量和持续的内容再生有着根本性需求。在庞大内容体量的支撑下，元宇宙能够为用户提供丰富的内容供给和沉浸式的内容体验。

在这方面，腾讯以泛娱乐战略为指导，注重多方面的内容供给及持续的内容创作，具有发展成为内容领域元宇宙的潜力。依托在社交网络领域的超强影响力，腾讯以内部孵化、外部投资等多种方式在泛娱乐领域内积极布局，逐渐成为网络游戏、影视制作、在线游戏等领域的翘楚。在不断发展的过程中，腾讯逐步打造出了触角广泛的泛娱乐矩阵。

在游戏方面，腾讯围绕"阅文+IEG（腾讯互娱）+斗鱼/虎牙+社交"，打造面向Z世代（1995—2009年出生的一代人）的互动娱乐社区。游戏产业主要分为上游创意开发、中游游戏制作和下游游戏社区。上游的阅文提供原创IP，中游的IEG提供强大的自研团队，下游的斗鱼/虎牙布局游戏内容社区。在IEG的推动下，上下游间能够进行更多资源和业务的协同，研发出多样的游戏并打造社交性极强的游戏内容社区。

在影视方面，腾讯影视围绕"阅文+企鹅影视+腾讯视频+猫眼+短视频"，提升IP运营效率，丰富腾讯体系内容生态。影视产业链主要分为上游IP供给、中游内容生产和下游渠道放映。在IP供给方面，阅文是腾讯影视内容的主要改编源头，为腾讯影视制作提供多样的文学IP；在内容生产方面，企鹅影视和腾讯视频通过打造自制剧、影视投资、鼓励用户创作短视频等方式实现丰富的内容生产；在渠道放映方面，猫眼以在票务领域的龙头渠道优势，为腾讯影视的影片宣发提供支持。

在音乐方面，腾讯围绕"阅文/腾讯视频/腾讯游戏+TME（腾讯音乐娱乐）+社交"，增强 TME 在版权业务方面的话语权，并提升变现能力。TME 和阅文、腾讯视频、腾讯游戏的深度联动，在拓宽 TME 音乐储备的同时，也能够发挥 TME 的音乐资源和用户数据优势，为影视、游戏等推出更受用户欢迎的音乐作品。

内容生态的边界不断扩张，除了 PGC（Professional Generated Content，专业生产内容），还需要用丰富的 UGC（User Generated Content，用户生产内容）不断拓宽边界。总体来看，内容生产演进分为 4 个阶段，如图 1-6 所示。

PGC
单用户体验

UGC
小规模多用户目的社交

AI辅助UGC
大规模多用户即时社交

全AI制作
元宇宙自由社交

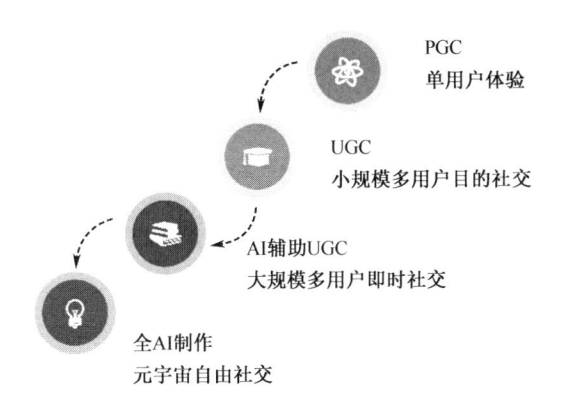

图 1-6　内容生产演进的 4 个阶段

如图 1-6 所示，内容生产演进分为 PGC、UGC、AI 辅助 UGC、全 AI 制作 4 个阶段，为用户提供的社交体验也在不断升级。同时，随着内容生产方式的演进和社交形态的变化，所产出的内容产量也会不断增加。

当前很多内容的生产已经从 PGC 变为 UGC，内容产能和社交形态都实现了跨越式升级。以《侠盗飞车 5》等开放世界游戏为例，游戏内容的边界受到专业团队产能的限制，但是随着玩家自己制作的 MOD（Modification，游戏模组）的出现，玩家可以添加、替换游戏内容，这丰富了游戏的内容体系。UGC 是内容生态的引爆器，除了专业的 PGC 内容生产者，广大 UGC 内容创作者能够不断丰富内容库，UGC 的产量甚至会超过 PGC。

此外，大量高质量的 UCG 内容产出还需要 AI 技术的加持。目前已有公司在这方面进行了探索，如 Roblox 使用 AI 技术将英语游戏自动翻译成汉语、德语等八种语言，同时字节跳动、百度、科大讯飞等均已推出 AI 虚拟主播，能够轻松实现交互等功能。AI 工具的使用使内容创作更轻松，进而使创作者专注于内容质量。随着 AI 技术的不断发展，未来的内容生产最终会进入全 AI 制作的阶段。随着大量高质量内容的产生，用户在元宇宙里将能够获得多元化的优质内容体验。

随着技术水平的提升，元宇宙中内容的沉浸式体验会进一步升级。当前，内容展现形式以图文、音视频为主。然而随着 AR/VR 等技术的发展，内容的展现形式也会进一步升级。用户可以在元宇宙中获得沉浸式的内容体验，能够真切感受到恐龙、精灵或其他虚拟物种和自己擦肩而过，能够瞬移至元宇宙的其他地方领略不一样的风景。

例如，在音乐方面，我们可以结合 AR/VR 等技术打造沉浸式演唱会。远在千里之外的用户不再隔着显示屏幕观看演唱会，而是可以以虚拟化身"穿越"到虚拟演唱会中，和歌手一起跳舞、合唱。

随着内容体验的进一步升级，元宇宙有望取代当前的短视频、直播等交互形式，占据用户更长的使用时间。相较于当前的内容展现形式，元宇宙对在互联网影响下成长的年轻用户更具吸引力。

1.2.4 消费体验：线上消费体验升级

元宇宙不是一个只能够提供娱乐与社交的虚拟空间，而是一个拥有完善的社会秩序、经济体系的虚拟世界。元宇宙将打造一个连接万物的超级数字场景，更多的数字化场景将在其中被建立。在这个过程中，用户的消费体验或将重塑，线上沉浸式消费体验将不断升级。

从早期的电话购物到淘宝、京东等电商平台的兴起，再到小红书"种草"、直播带货等模式的产生，可以说，随着技术的不断迭代，用户的线上消费体验在不断升级，用户获取的信息不断增加。从图文结合展示商品，即用户通过图片外观和文字描述选择自己喜欢的商品，升级到了以视频、直播的形式向用户全方位展示商品，从而让用户获得更完整的商品信息。

从传播学的角度来讲，短视频和直播的传播能力远强于图文传播。同时，随着内容电商的发展，小红书、抖音、快手等平台上涌现了一系列分享好物的种草 KOL（Key Opinion Leader，意见领袖），他们从用户的角度出发，为用户提供更全面、更直观的产品信息，展示使用效果。这使得用户能够通过线上平台获得更多的信息，同时也重塑了消费流程，很多用户的购买决策都是由平台上的产品推荐所激发的。

在元宇宙时代，基于新的交互方式，用户的消费体验也将升级。在 AR/VR 等技术的发展、应用下，沉浸式消费或将成为常态，用户将体验到更加直观且沉浸的购物场景，获得更好的购物体验。

当下，不少企业都升级了消费交互模式。例如，天猫上线了 AR 虚拟试妆小程序，让用户足不出户就可以在线试色，买到适合自己的化妆品；得物上线了 AR 虚拟试鞋功能，以便用户看到鞋子上脚的效果，避免因为上脚效果不好看而退货等问题的出现。

未来，随着元宇宙的不断发展和成熟，沉浸式的消费体验会逐渐成为流行趋势。不仅是购买化妆品、鞋子等小件商品，AR 房屋装修、模拟旅游景点等都将逐渐出现在人们的生活中。此外，用户获得的信息也将进一步增加。借助可穿戴设备、传感设备等，用户不仅可以真实地看到商品，还可以触摸到商品，获得更沉浸的购物体验。

1.3 向着数字世界进发：疫情的催化+Z 世代的召唤

从社会发展角度看，元宇宙是未来的真实数字社会，是互联网的进阶形态。其依托于现实世界而建立，与现实世界的发展密切相关。其中，疫情的爆发和 Z 世代的数字体验需求加速了元宇宙的到来，前者加速了线上化进程，后者体现了中长期的进化需求。

1.3.1 疫情之下，线上化趋势越发明显

2020年，疫情的爆发对人们的工作和生活产生了很大影响，迫于情势，居家办公、线上商务成了很多公司的选择。在此期间，钉钉、企业微信、腾讯会议等商务软件成为诸多上班族在线办公的好帮手，线上打卡、线上会议、线上协同办公等成为办公新趋势。

除了在线办公，零售、教育、医疗等领域也纷纷线上化。在零售方面，越来越多的零售商通过抖音、快手等平台开启了直播，以直播卖货的形式实现了线上销售；在教育方面，在封校的情况下，全国很多学校都通过钉钉、腾讯课堂等实现了线上教学；在医疗方面，"互联网+医疗"异军突起，越来越多的医院开通了线上服务，为用户提供防疫科普、在线咨询、远程会诊、药物配送等服务。

当前，AI、智能终端、云计算等进入各个行业，加速了线上线下的融合。当我们看到网约车司机、快递员在按照软件的指示工作的时候，虽然他们提供的依旧是线下服务，但其工作协调模式、调度模式等却越来越线上化。

除了中国，放眼全球，线上化趋势也十分明显。2020年，Zoom、Microsoft Teams、Google Meet等办公软件大放异彩。在疫情逐渐得到控制的情况下，远程办公并没有消失，相反，Zoom的用户增长率和付费率不断提升，原因在于，线上办公在降低办公成本的同时还能提高工作效率。线上办公受到越来越多的企业和个人的欢迎，人们的生活方式和思维方式在潜移默化中发生了改变。

线上化、数字化是元宇宙形成和发展的前提。疫情压缩了人们的线下活动空间，促使线上活动增加。这使得人们将更多的时间用在线上，对虚拟世界投入的精力更多，也增强了人们对于虚拟世界的价值认同，为元宇宙的到来做好了铺垫。

1.3.2　YOLO文化兴起，Z世代的数字体验需求爆发

Z世代是数字世界的原住民，其对互联网、线上游戏、虚拟世界等的接受度很高，更倾向于在网络中表达观点。知乎2021年第二季度财报显示，年轻用户成为增长主力军，在此前两年中，知乎平均月活跃用户中18～25岁的用户占比超过40%。另一个年轻人聚集地虎扑虽然相对小众，但也延伸出了对各种话题的讨论。虎扑论坛除了赛事，还衍生出了基于运动的社交功能。

同时，随着YOLO文化的兴起，Z世代更在意生活体验。YOLO，即You only live once，意为"你只活一次"，体现了一种注重体验、注重自己决定自己生活的世界观。在疫情之下，这一文化得到广泛认同，更多的年轻人开始重新审视自己和自己的生活。元宇宙给人们提供的数字生活体验，体现了人生的另一种维度，一种可重启的、更自由的生活。在元宇宙中，人们可以身临其境般地获得各种新奇的体验，可以凭借自己的创作获得更多的成就感。这些能够极大地满足Z世代的数字体验需求。

作为元宇宙雏形的Roblox以其提供的多样化数字体验获得了Z世代的青睐。2020年4月，Roblox的相关负责人在接受采访时表示，在16岁以下的美国青少年儿童中，超过一半的人是

Roblox 的玩家。他们习惯在虚拟世界中体验各种游戏，和朋友戏水滑冰，举办生日聚会等。

Roblox 对 Z 世代的吸引力远不止如此，玩家还可在 Roblox 中自由创作游戏，并以此获得收入。美国一位 22 岁的游戏设计专业学生，既是 Roblox 的玩家，也是其中的创作者，他在 Roblox 中研发了一系列游戏，获得了数十万美元的收入。在一则视频中，他曾提道："我做游戏开发是因为喜欢，并且能够获得收入，这意味着我不用专门找一份工作。"

Roblox 大受 Z 世代欢迎，正是因为其满足了 Z 世代的数字体验需求。同时，我们从中也可以看到一种倾向——在元宇宙发展的过程中，Z 世代的生活和职业发展会发展巨大改变。他们可以在元宇宙中体验丰富的数字生活，通过在元宇宙中的创作获得收入。

未来，网络及线上平台的发展将逐步把 Z 世代带入更加广阔、更具想象力的虚拟世界。

虽然当前元宇宙还未成型，但社会发展的趋势已经逐渐清晰。

第 2 章

产业现状：产业链逐步形成，稳步发展

当前，国内外巨头纷纷布局元宇宙，在合作共建中逐渐形成了连通上游硬件技术、中游软件平台、下游内容应用的完整产业链。在各种硬件设备和软件系统的支持下，元宇宙领域的相关应用逐渐铺开，涉及游戏、社交、教育等诸多领域。总体来看，元宇宙产业链将逐步完善，各链条间的界限也将不断模糊。

2.1 三股势力成为元宇宙赛道的先锋

随着元宇宙概念的逐渐火热，元宇宙领域聚集的企业越来越多。其中，科技巨头、内容型公司、UGC 创作平台等凭借技术优势、用户优势等成为元宇宙赛道的先锋。

2.1.1 科技巨头：以技术研发引领元宇宙发展

2021 年 10 月 28 日，Facebook 的 CEO 马克·扎克伯格在发布会中宣布，将公司名称变更为"Meta"（超越），而 Facebook 则会变成 Meta 公司的子公司。"Meta"一词取自元宇宙"Metaverse"的前缀，彰显了 Meta 布局元宇宙的决心。

事实上，Meta 在元宇宙领域早有布局，其凭借技术优势，已经成为元宇宙领域的"头号玩家"。Meta 曾斥巨资收购生产高性能 VR 头显设备的虚拟现实公司 Oculus，并从 VR 设备方向发力，推出了 VR 头显设备 Oculus Quest 2，获得了不错的销量。在此次发布会上，扎克伯格表示公司未来会持续聚焦元宇宙领域，并将在 2022 年上线 Oculus 高端 XR 头显 Project Cambria 和全功能 AR 眼镜 Project Nazare。

Meta 对于元宇宙的看好并不是个例，作为元宇宙领域中的主要玩家，众多科技巨头纷纷发力元宇宙。对于这些巨头而言，强势的技术是其进军元宇宙的筹码。在国外，Meta 凭借 VR 优势布局元宇宙；而在国内，诸多科技巨头也将发展的目光瞄向了元宇宙，百度就是其中的翘楚。

VR 是进入元宇宙的入口，也是构建元宇宙的承载者，而在 AI 的赋能下，元宇宙 VR 产业将衍生无限可能。凭借先进的 AI，百度推出了基于其 AI 核心技术引擎"百度大脑"的 VR 2.0 产业化平台。

VR 2.0 产业化平台以百度智能语言技术、知识图谱技术、智能视觉技术等组成 AI 能力矩阵，同时接入了素材理解、内容生产、感知交互等技术中台，以提供开发者套件的形式进行开放。其中的 VR 内容平台会进行素材采集、编辑管理、内容分发等，让内容消费通路更加顺畅，VR 交互平台则聚合虚拟场景、虚拟化身、多人交互等，便于我们探索可视化信息在元宇宙中的更多可能。在应用方面，VR 2.0 产业化平台能够提供涉及教育、营销、工业等诸多场景的 VR 解决方案。百度以 VR 2.0 产业化平台向行业提供开源平台和开放的技术，为元宇宙的形成和发展奠定基础。

除了 Meta 和百度，华为、微软、谷歌等科技巨头也纷纷在技术方面发力，逐鹿元宇宙领域。技术研发是元宇宙搭建的核心动力，而这些科技巨头自然也成为元宇宙领域的先锋。

2.1.2 内容型公司：发力元宇宙内容生产

技术是支撑元宇宙搭建的基础，而内容则是元宇宙向用户展现价值的内核。在一些科技巨头以技术探索元宇宙的同时，也有一些内容型公司以自身的内容优势打造多样的虚拟空间，不断丰富元宇宙场景。这些内容型公司也是元宇宙领域的头号玩家。

一场超过1200万人现场观看的演唱会是什么样的？把这种在现实生活中不可能实现的事情和场景搬到虚拟世界，会创造怎样的奇观？2020年4月，美国说唱歌手特拉维斯·斯科特在游戏《堡垒之夜》里举办了一场天马行空的沉浸式演唱会，吸引了超过1200万名玩家现场观看。

在演唱会开场时，斯科特化身巨人，像一颗流星从宇宙中落向舞台，场面十分壮观，如图2-1所示。

图2-1 斯科特出场

接着，流星交错、烟花绽放，在不断变幻的绚丽场景中，演唱会正式开场。随着演唱曲目的变化，场景也随之变换，玩家或在太空遨游，或猛然沉入海底，如图2-2所示。在动感的音乐中，场景也在同步变化，给玩家带来了听觉与视觉的双重享受，使他们自然地沉浸在这个虚幻的场景中。最终，在演唱会接近尾声时，随着歌声的飘散，空中飘浮的球体猛然爆炸，演唱会也在玩家的欢呼声中落下帷幕。

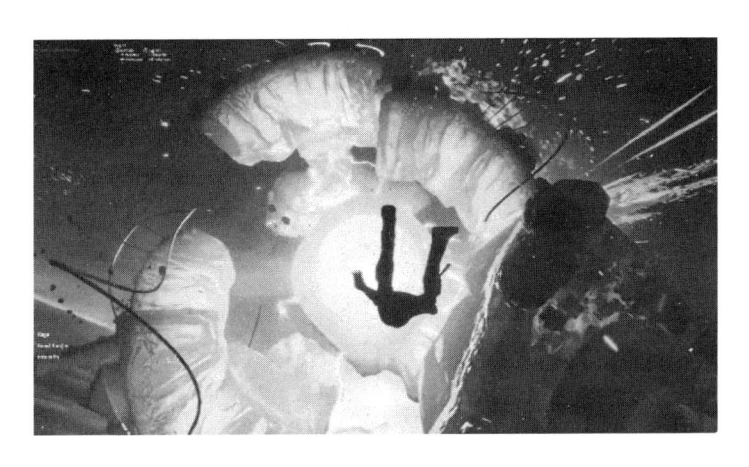

图 2-2　玩家进入太空

这样奇幻、瑰丽的演唱会在现实中很难实现，但 Epic Games 却凭借强大的虚幻引擎技术，将体量庞大的演唱会搬到了游戏中。

Epic Games 是当前游戏市场中的知名独角兽公司，其以虚幻引擎作为打造虚拟世界的工具，以游戏《堡垒之夜》作为展现虚拟世界的平台，生产了丰富多样的内容，并以此作为进入元宇宙的"船票"。

在运营《堡垒之夜》的过程中，Epic Games 一方面进行了高频率、高水准的内容更新，另一方面不断从多方面扩展游戏的边界，融入了虚拟演唱会、虚拟聚会等多种玩法，使游戏能够长期保持活力和吸引力，从内容方面稳步迈向元宇宙。

除了 Epic Games，中青宝、完美世界等诸多企业都在立足于自身游戏业务的基础上，加紧内容研发，融入元宇宙相关元素，致力于为玩家提供更丰富的体验。这些内容型公司往往拥有牢固的用户基础和强大的内容生产能力，同时其此前搭建的虚拟世界也成为孕育元宇宙的温床。在不断升级技术、不断创新内容体验的过程中，这些公司将会产出更具创造性、更具沉浸感、更顺畅地连通虚拟与现实的内容。因此，内容型公司也是元宇宙赛道中不可忽视的一股力量。

2.1.3　UGC创作平台：为个人UGC创作提供平台

元宇宙最终会变为一个边界不断扩张、内容不断丰富的虚拟世界，在这一过程中，创作者的创作是元宇宙不断发展的核心力量。要想形成最终的元宇宙生态，需要更多人参与。UGC创作平台在为用户提供虚拟体验的同时，也为更多人参与元宇宙的建设提供了入口。基于这一重要意义，UGC创作平台成为元宇宙赛道中不可忽视的先行军。

UGC创作平台不仅为用户进入元宇宙提供了入口，也为创作者在虚拟世界进行创作提供了工具。Roblox的火爆让更多企业发现，在创作者的推进下，会有指数级增量的用户参与到内容创作和虚拟社区的建设中来。

Roblox拥有庞大的用户群体和多样化的内容。Roblox的财报显示，截至2021年第一季度，其拥有超过1800万种游戏，且DAU（Daily Active User，日活跃用户数量）达到4210万人。为什么Roblox能够吸引大量用户？一方面，Roblox允许用户进行多样化的内容创作。借助Roblox Studio的工具集，用户可以在游戏地图、剧情、玩法等方面进行自由设计。另一方面，Roblox 中有完善的经济系统，能够让用户通过创作获得收益。用户可以出售自己设计的道具、游戏等，也会因为优秀的创作而获得 Roblox 的奖励。

在意识到 UGC 创作平台与元宇宙的契合性之后，越来越多的企业开始进入这一赛道。2021 年 3 月，沙盒游戏平台 MetaApp 获得了 1 亿美元的 C 轮融资，在我国融资圈激起了引人注意的波浪。

MetaApp 的目标是在线上构建一个属于全年龄段用户的虚拟世界，用户可以在这个虚拟世界中体验多样的工作和生活方式，以及多种娱乐方式。MetaApp 同样也是一个 UGC 创作平台，用户可以在平台上上传自己创作的游戏并获得收益。在衡量用户创作的游戏时，MetaApp 并不看中游戏流水，而是以内容作为首要评判标准，力求为用户提供更优质的游戏产品。

Roblox 和 MetaApp 的兴起、火热表明了一种趋势：在搭建元宇宙的过程中，UGC 创作平台大有可为，而基于元宇宙的这种需求，未来将会产生更多的 UGC 创作平台，更多的创作者将参与到元宇宙的建设中。

2.2 元宇宙产业链：多层产业链连接技术与应用

元宇宙火热发展，吸引了越来越多的企业入局元宇宙。这些企业依托自身优势为搭建元宇宙提供了零部件、关键技术、系统平台等多方面的支持，元宇宙产业链逐渐形成。总体来看，元宇宙的产业链可以分为硬件层、软件层、服务层、内容和应用层。

2.2.1 硬件层：零部件+交互设备+输出设备+网络基础设施

硬件层为元宇宙提供了物质载体，主要包括芯片、传感器、微投影器件等各种零部件，显示屏、摄像头、动作捕捉设备等交互设备，VR/AR 等输出设备，以及 5G 基站、物联网、云服务器等网络基础设施。

硬件层聚焦大量的零部件或硬件设备供应商。在零部件方面，提供芯片的企业主要有高通、全志科技、三星、瑞芯微电子等；提供传感器的企业主要有三星、索尼、歌尔股份等；提供微投影器件的企业主要有德州仪器、3M、苹果等。

交互设备主要用于进行全身追踪和全身传感，以实现用户的沉浸式体验。目前，每个细分领域都聚集着不同的企业，如提供显示屏的三星、LG 等；提供摄像头的歌尔股份、诺基亚等；提供语言识别支持的百度、科大讯飞等；提供动作捕捉设备的 Dexmo、诺亦腾等。

在输出设备方面，VR/AR 设备受到了很多企业的关注。这一领域是众多企业布局元宇宙硬件的主要战场。在 2020 年之前，VR 头显的累计出货量在千万台以下。而在 2021 年，随着用户数字体验需求的增长和众企业在元宇宙领域的逐渐布局，全球 VR 头显的出货量明显增长。Trendforce 统计数据显示，2021 年全球

AR/VR 头显出货量有望达到 1120 万台，未来这一数字还将不断增加，这一行业也将进入快速成长期。

在这一领域，Meta 推出的 Oculus 系列头显销量一路走高，在市场中占据领先地位。HTC 推出的 HTC VIVE 系列设备、微软推出的 Windows Mixed Reality 设备等在市场中也占有可观的份额。此外，爱奇艺、NOLO、Pico 等企业也都推出了相应的 VR 头显。整个细分领域竞争激烈，呈现多元化发展格局。

在网络基础设施方面，中国移动、中国联通、中国电信三大运营商，以及中兴通讯、华为等都是聚焦 5G、物联网技术以打造智能网络的主力军。中国移动的财报显示，2020 年新建 5G 基站约 34 万个，累计开通基站 39 万个。在 2021 年 11 月举办的中国移动全球合作伙伴大会上，中国移动总经理董昕表示，中国移动搭建的 5G 基站已超过 56 万个。

整体来看，元宇宙概念的爆发为相关硬件市场的发展注入了活力，同时也促使更多的硬件厂商专注于元宇宙相关硬件的生产，促使更多的科技公司开始布局硬件产业链。在众企业发力之下，硬件设备的成熟将推动元宇宙的形成，而元宇宙的形成也会带动硬件设备的消费。

2.2.2 软件层：支撑软件+软件开发包

软件层主要包括支撑软件和软件开发包。支撑软件主要有 Android、Windows 等操作系统，以及 VRWorks、Conduit 等中间件。目前，Android、Windows 等操作系统都在逐步兼容更多的 VR

软硬件，以支持消费级应用。

　　软件开发包包括各种游戏软件开发包和 3D 引擎。游戏软件开发包为开发者提供平面设计、建模、动画设计、交互设计等方面的工具。3D 引擎则能够对数据进行算法驱动，在虚拟世界中呈现出现实世界的各种关系。

　　软件层是元宇宙的驱动引擎，同时元宇宙需要依靠创建 3D 世界的引擎而构建。当前，元宇宙的软件层聚集着众多 3D 引擎，如 Unreal Engine（虚幻引擎）、Frostbite Engine（寒霜引擎）、Creation、Unity 3D 等。

　　2021 年 5 月，3D 引擎领域的翘楚 Epic Games 公布了更新后的 Unreal Engine 5，展现了更强大的实时渲染能力。该引擎可以让游戏的实时渲染画面媲美现实世界，如图 2-3 所示。

图 2-3　Unreal Engine 5 场景演示

　　和 Unreal Engine 4 相比，Unreal Engine 5 引入了新的渲染技术和动态全局光照技术。其中，新的渲染技术可以让游戏画面拥有堪比影视作品的高精度模型。Unreal Engine 5 可直接导入高精度、复杂的素材,供开发者使用。

动态全局光照技术可以模拟光线在场景中反射的效果,使模拟出的场景效果更为逼真。同时,该技术能够对光线进行实时模拟,这意味着当玩家在游戏中关门、开窗时,游戏能够展现逼真的光线实时变化效果。

除了这些知名的国外引擎,国内的各大企业也纷纷加入 VR/AR 软件开发的队伍。华为凭借先进的 5G 技术和在 VR/AR 领域的深耕,发布了 VR/AR Engine 3.0 双引擎,积极打造虚拟现实生态。

其中,VR Engine 3.0 实现了 6DOF 交互,除了能够检测头部转动的视野变化,还能够检测身体移动带来的位移变化。同时,VR Engine 3.0 也支持 PC VR 无线化和第三方交互设备。AR Engine 3.0 在空间算法上达到了厘米级精度,具有环境语义理解、环境光照模拟、物体跟踪、唇语识别、手部关节识别等功能。

整体来看,系统平台市场的竞争格局已经基本固定,但在 VR/AR 软件研发方面仍有很大的发展空间。当前,网易推出了 Messiah 引擎,搜狐畅游自主研发出了"黑火"引擎,未来,随着元宇宙的逐步发展,将有更多的企业布局元宇宙产业链条。

2.2.3 服务层:VR 内容分发+VR 内容运营

元宇宙产业链的服务层涉及 VR 内容分发和 VR 内容运营,这一层聚集着大量的 VR 内容分发平台。这些平台通过聚拢 VR

内容资源吸引用户，以获得收入。很多 VR 内容分发平台都通过内容分发业务获得成长、积累资本，然后去打造原创 VR 内容并进行内容运营。因此，很多 VR 内容分发平台都兼顾内容分发与内容运营。同时，HTC VIVE、Oculus 等主流 PC VR 头显也有自己的 VR 内容分发平台。

Oculus 推出了具有视频、社交等功能的 VR 内容分发平台 Oculus Home。用户可以在平台上观看 Netflix 影片，欣赏转播电视 Twitch、Vimeo 等内容，同时可以连接 Facebook 和 Oculus 账号，根据自己的关注列表获得个性化的 VR 内容推荐。同时，用户可以在 Oculus Home 中邀请其他用户在虚拟环境中见面并体验虚拟游戏。

此外，可创造性是元宇宙的重要属性，要想形成更加成熟的元宇宙生态，需要让更多的创作者参与进来。基于此，很多 VR 内容分发平台除了提供多样的 VR 内容，还提供丰富的开发工具。

恺英网络和大朋 VR 联手推出了 VR 综合性平台 VRonline，其功能更加多样。一方面，VRonline 具有海量内容在线分发的功能。VRonline 中提供了多样的游戏产品，其能够自动化处理游戏的安装和更新，同时支持用户对本地 VR 游戏进行管理。除了游戏内容，VRonline 还提供了 VR 视频、VR 图片、VR 直播等多种内容。用户除了体验这些内容，还可以上传视频或发起直播，通过 VRonline 的 VR 播放器进行播放或直播。

另一方面，VRonline 也是一个功能强大的开放平台，从多方面支持创作者的内容创作。首先，VRonline 支持创作者建立并管理账户，其有完善的内容发布工具和内容发行系统，保证了内容的产出和分发。其次，VRonline 为创作者提供了完整的开发者工具和文档知识库，包含硬件适配、3D 游戏 VR 化、服务器及网络支持、云储存及反盗版等功能，降低了创作者的研发成本。最后，VRonline 提供了数据管理及分析功能，能够显示访问量、用户来源，并包含销售管理分析、用户留存、用户属性、评价系统等，便于创作者更好地掌握用户需求和反馈，创作者可以据此进行内容优化和调整。

在元宇宙时代下，很多硬件厂商、软件厂商及已有的内容平台等，都在向 VR 内容平台发展和进化。国外的三星、索尼，国内的 Pico、小派科技等，在研发 VR 设备的同时也在搭建自己的内容平台。这些企业的入局将不断丰富服务层的产业生态。

2.2.4 内容和应用层：多行业应用+多种内容表现形式

元宇宙的内容和应用层是前景十分广阔的产业链环节，可分为 TO B 、TO C 两类。TO B 主要面向教育、医疗、工程等领域，主要参与者有 InContext、NearPod、IrisVR。TO C 主要面向影视、直播、游戏等领域，主要参与者有 Meta、NextVR、CCP Games。

当前，元宇宙的内容和应用市场潜力无穷。艾瑞咨询数据显示，2021 年，我国 VR 内容市场规模预计为 278.9 亿元，消费级内容和企业级内容市场份额为 46.4%，是 VR 市场中最重要的细分市场之一。

整体来看，VR 内容将以多种表现形式应用到 TO B 、TO C

相关的更多行业中。事实上，目前很多公司已经在这方面做出了尝试。

在 TO B 方面，HTC VIVE 推出了服务于大型会议等活动的虚拟现实解决方案 VIVE Events，帮助企业更有效地节省成本、提高工作效率。VIVE Events 能够让参会者以虚拟形象面对面交流，同时能够在虚拟空间中实现多样的交互功能，保证参会者的体验感。同时，VIVE Events 能根据企业需求，进行场景、主题、兼容人数等方面的定制，突破线下活动的诸多限制。

在 TO C 方面，VR 直播成为当下的潮流。在 2021 年北京市青少年短道速滑锦标赛中，为了满足不同人群更多样化的观赛需求，主办方对该比赛进行了一次 5G VR 全景直播，为无法亲临现场的观众带来了全景沉浸式观赛体验。

在此次锦标赛赛场上，运动员们风驰电掣般在冰上盘旋、舞蹈，而观众通过 5G VR 直播，借助 VR 眼镜跟随着运动员们的运动方向、节奏滑动屏幕，自由放大或缩小，身临其境般地观看了沉浸式短道速滑比赛。全景相机可在机内完成采集、拼接、转码、推流，简化 8K VR 全景直播流程。全景直播增强了观赛的交互性、沉浸性，大大提升了观众的观看体验。

未来，VR/AR 相关应用将会在更多企业、更多行业的实践中涌现，助力智慧医疗、智慧教育、工业互联网等的发展。同时，社交、游戏、教育等更多领域将会催生元宇宙雏形。

2.3 发展路径：切入点不同但殊途同归

无论以硬件、软件、服务还是应用发力元宇宙，元宇宙产业的参与者往往都拥有相同的动作，即研发相关产品、推进元宇宙项目、搭建元宇宙生态。最终，元宇宙不同产业链的企业将形成更密切的合作关系，形成共同发展的新生态。

2.3.1 研发相关产品：在 VR/AR 方面进行产品布局

在元宇宙概念火爆之下，众多 VR/AR 企业纷纷涨停，VR/AR 行业迎来了发展的东风，而 VR/AR 确实作为元宇宙的技术入口获得了新的发展机会。VR/AR 产品作为搭建元宇宙生态的基石，是企业布局元宇宙的关键。

2021 年 8 月底，字节跳动以 90 亿元的价格收购了 VR 创业公司 Pico。此前，字节跳动已在 VR/AR 领域进行了长期深耕，本次收购后，字节跳动将 Pico 并入公司 VR 业务，并将整合公司资源与技术，加大对于 VR 产品的研发投入。

Pico 的价值在哪里？为什么字节跳动愿意花重金将其收购？在我国 VR 行业中，能够独立研发、生产 VR 产品的企业屈指可数，而 Pico 正是其中之一。IDC 发布的《2020 年第四季度中国 AR/VR 市场跟踪报告》显示，2020 年，Pico 位居我国 VR 一体机市场份额排行榜的榜首，其第四季度的份额甚至占到了 57.8%。

Pico 研发的产品主要有 VR 一体机、VR 眼镜，以及各种追踪套件等。2021 年 5 月，Pico 发布了 VR 一体机 Pico Neo3（如图 2-4 所示），开售 24 小时销售额就突破了千万元。

图 2-4　Pico Neo3

资本方也十分看好 Pico。截至 2021 年 3 月，Pico 已完成 5 轮融资，其中 A 轮、B 轮和 B+轮融资金额分别为 1.68 亿元、1.93 亿元和 2.42 亿元。

基于 Pico 在 VR 产品方面的优势和未来良好的发展前景，字节跳动以重金收购 Pico 发力元宇宙，为元宇宙生态的铺设蓄力。除了字节跳动，Meta、谷歌、索尼、大朋 VR、爱奇艺等企业纷纷在 VR/AR 产品方面发力，推出了各自的 VR 一体机、VR 眼镜等。

无论自主研发 VR/AR 产品，还是通过收购 VR/AR 生产厂商进行产品研发，这些企业都在推动 VR/AR 市场的快速发展。IDC

《2021年第二季度增强现实与虚拟现实市场追踪报告》显示，2021年全球市场VR头显预计出货837万台，其中我国市场预计出货143万台。同时，预计未来五年，我国市场VR/AR产品的出货量将大幅增加。

2.3.2 推进元宇宙项目：实施具体方案推进元宇宙发展

在移动互联网兴起时，众多移动应用纷纷出现，证明了其实现的可能性。而在元宇宙不断发展的过程中，也有越来越多的企业开始推进元宇宙相关项目，通过项目的落地应用为接下来的发展铺路。这主要体现在游戏、体育等场景中。

在游戏领域，红杉资本、真格基金等知名投资机构都在通过投资进行布局，红杉资本甚至宣布将在2021年内完成对50家元宇宙游戏公司的投资。而一些正在积极布局元宇宙的参与者，在游戏方面的行动更为积极。

例如，中国移动旗下的咪咕投入了大量资源打造"5G+云游戏"，在游戏云算力网络服务能力方面布局，推进云网融合、实现终端云原生游戏共享。同时，咪咕依托云原生游戏技术，推出了数智竞技大厅，汇聚了多种竞技游戏，以聚拢庞大的用户群体，构建起"数智竞技元宇宙"。

此外，"体育元宇宙"也是一个发展十分迅速的领域，无论在虚拟世界体验爬山、滑雪，还是将现实世界中的体育赛事以强沉浸感、互动感的方式展现给观众，都体现了元宇宙在体育领域的巨大发展潜力。

在这方面，咪咕与亚洲足球联合会携手，运用 5G、4K/8K、VR、AI 等技术，将为 2023 年亚足联亚洲杯足球赛打造可以实时互动、提供强沉浸体验的"5G 云赛场"。此外，咪咕还积极探索体育数智达人，推出了以冰雪运动员谷爱凌为原型的 Meet GU 数智达人，如图 2-5 所示。

图 2-5　Meet GU 数智达人

Meet GU 数智达人不仅拥有酷似真人的形象，还可以和观众进行沉浸式互动。同时，Meet GU 数智达人还将走进咪咕冬奥赛事演播室，进行滑雪赛事解说、相关赛事播报及虚实互动等，让观众与谷爱凌相遇在虚拟的冰雪世界中。

未来，咪咕将推出和 UFC（Ultimate Fighting Championship，终极格斗锦标赛）及 NBA（National Basketball Association，美国职业篮球联赛）联合打造的格斗数智达人和篮球数智达人。当这些数智达人广泛出现在赛事解说、赛事播报和虚实互动等场景时，人们对于元宇宙的认知将会更加清晰。

咪咕在游戏与体育方面推进元宇宙项目并不是市场中的个例，越来越多的企业开始着眼于推进游戏、社交、体育等多方面的元宇宙项目。在不断探索元宇宙项目的过程中，越来越多的关于元宇宙的想象将变成现实，最终推动元宇宙的发展。

2.3.3　搭建元宇宙生态：通过投资收购打造生态体系

元宇宙的落地涉及硬件、软件、产品等多个环节，单独的一个企业很难将这些环节全部做好。在这种情况下，很多企业纷纷通过收购、寻求合作等方式打造生态体系，共同推进元宇宙的建设。

当前，很多互联网行业巨头为了推进更庞大的元宇宙项目，都在积极拉拢生态伙伴。Meta、腾讯等收购企业的脚步还在继续，字节跳动也加快了收购的脚步，积极完善自身生态体系。

2021年10月，字节跳动投资了芯片公司光舟半导体。光舟半导体在衍射光学、半导体微纳加工技术等方面极具优势，其推出了自研AR显示光芯片及模组，同时还推出了半导体AR眼镜硬件产品。

此前，字节跳动已经收购了我国VR行业头部厂商Pico，而此次字节跳动投资光舟半导体，体现了其对于元宇宙领域布局的持续性。

字节跳动正在通过不断收购和内部研发搭建自己的元宇宙

生态体系，可以说，字节跳动在元宇宙领域的布局渐成规模。对光舟半导体的投资和收购 Pico，体现了字节跳动在元宇宙硬件环节的布局。同时 2021 年 4 月，字节跳动投资了元宇宙概念公司代码乾坤。代码乾坤作为我国知名的手游开发商，推出了创造和社交 UGC 平台"重启世界"。这些举动都体现了字节跳动在元宇宙内容方面的布局。此外，在内容方面，字节跳动已在虚实结合、虚拟交互等方面进行了长期的研发和实践，旗下的抖音已经上线 VR 社交、AR 互动等功能。

依托硬件和内容方面的多方投资、收购，字节跳动融入了更多的元宇宙基因。未来，字节跳动将整合多方资源和技术能力，构建自己的元宇宙生态，并逐步加大在元宇宙领域的投资力度，持续进行深入研发。

第 3 章

BAND：构建元宇宙的四大技术支柱

元宇宙的构建离不开底层技术的支撑。从整体来看，区块链(Blockchain)、游戏(Game)、算力网络（Network）和展示方式（Display）是构建元宇宙的四大关键技术。区块链提供去中心化的系统和平台，游戏提供虚拟场景和内容，算力网络保障海量数据的稳定传输，展示方式连接现实世界与元宇宙。以上技术的融合应用将搭建起元宇宙的基础底座。

3.1 区块链：元宇宙的"补天石"

区块链提供去中心化的交易平台和经济系统，为元宇宙内的价值归属和转移提供了保障，助力元宇宙形成稳定、高效的经济系统。在区块链的支持下，去中心化的虚拟资产能够在虚拟世界自由流通，变得更加"真实"。

3.1.1 区块链的四大核心技术

区块链之所以能够为元宇宙提供强大的安全保障，是因为其具有四大核心技术，如图 3-1 所示。

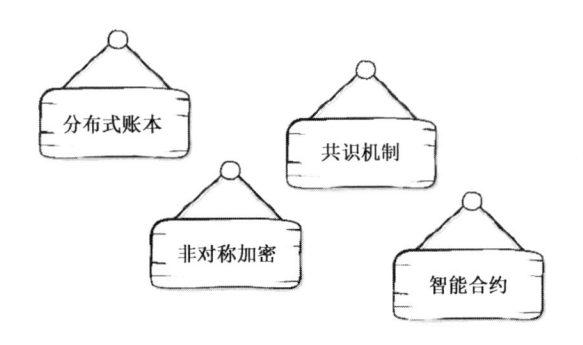

图 3-1 区块链的四大核心技术

1. 分布式账本

分布式账本是一种数据存储技术，是一种去中心化的数据记录方式。分布式账本本质上是一种数据库，各方参与者可以得到一个真实账本的副本，而且这个副本具有唯一性，受共识机制的制约。其最大特点就是可以在不同的参与者之间进行分享、复制和同步，整个过程没有第三方的参与。

由于分布式账本的每一个记录都对应着一个时间和一个密码签名，所以这种账本记录的交易都可追溯和审计。如果要改动分布式账本中的数据，则需要得到所有参与者的确认，而且账本中任何一处改动都会在其他副本中体现出来。

2. 非对称加密

区块链上的数据虽然是高度透明的，但是关于用户的信息却是高度加密的，只有得到用户的授权，才能得到用户的信息，这样的非对称加密保证了用户的安全和隐私。非对称加密包含两种密钥，一种是公开密钥（公钥），另一种是私有密钥（私钥）。

公钥是公开的，所有人都能得到，但是私钥却是由用户一个人来保管的，不会进行公开，除了用户本人，其他人无法从公钥推算出私钥。另外，在用公钥对其中一个私钥进行加密后，只能用相应的另一个私钥才能解密。

在匿名交易方面，非对称加密也可以发挥作用。在交易时，需要将区块链地址作为输出地址或输入地址，而区块链地址源于非对称加密算法，具有很大的空间，这就意味着地址之间出现重复的概率非常低。这种低重复率使得每个用户都可以在交易中生成不同的区块链地址，增强交易的匿名性。

3. 共识机制

共识机制的主要作用是决定区块链节点的记账权力，可以有效保证区块链上所有节点之间相互信任。一般来说，区块链是依据时间顺序储存数据的，可以支持多种共识机制。共识机制可以让区块链上所有节点都储存相同的数据。

4. 智能合约

智能合约是一种可信的数字化协议，能够保证合约的高效性和可靠性。在交易中，双方在订立智能合约时编入相关的交易规则，智能合约便可以实现自动执行。同时，交易的流程、任务、支付等都会留下数字记录和签名，可以被识别、验证、存储和共享。智能合约可以解决交易中的信任问题，保证交易的安全性和高效性。

依托以上四种技术，区块链形成了去中心化、可追溯、公开透明等特点，其能够成为元宇宙中交易和经济系统运行的技术基础。区块链能够在很大程度上保证交易的安全性，这能够为元宇宙中的交易提供安全保障。当两个人在虚拟世界中进行线上交易时，交易双方的隐私信息不会因为交易而暴露。同时，在智能合约的约束下，一旦达成可交易的条件，交易便会被自动执行，避免了交易中有任何一方毁约的风险。

在区块链技术的支持下，无论人们在元宇宙中进行个人交易，还是企业在元宇宙中进行项目投资，都能够在安全、稳定的系统中进行。有了区块链技术的安全保障，在元宇宙中才能够逐渐建立起稳定的经济体系。

3.1.2 实现去中心化的资产记录和流转，保障资产安全

区块链技术为元宇宙提供了价值传递的解决方案。从比特币到以太坊，再到 DeFi （Decentralized Finance，去中心化金融）和 NFT（Non-Fungible Token，非同质化通证），区块链技术展示了其作为去中心化清结算平台的高效性。

从元宇宙的发展来说，其迫切需要经济规则。在传统的中心化游戏规则中，经济系统并不是透明的，"氪金"玩家往往比非人民币玩家获得的快感更多，也被游戏中的通胀所"收割"。区块链技术的出现使得虚拟资产可以以去中心化的形式记录和流转，保证交易的公平公正和透明，而 DeFi 的出现将现实世界的金融活动映射到了虚拟世界。

区块链技术的应用代表比特币实现了去中心化的资产记录和流转。在比特币网络中，各参与方维护同一个区块链账本，通过"挖矿"即计算随机数的方式确定记账权，从而实现账本的去中心化。同时，"挖矿"的激励机制促使各参与方积极提供算力并维护交易网络，保证系统的安全性。对于比特币的持币人而言，比特币充当一般等价物，他们可以通过比特币进行交易，而这种交易并不依赖任何中心化的账户体系。

比特币的运行表明去中心化的价值流转是可以实现的。以太坊借鉴了比特币的这种模式并进行了升级，智能合约便诞生了。它将区块链从单纯的去中心化账本升级成了去中心化平台，以支持更复杂的交易程序。

当前，基于智能合约的 DApp（Decentralized Application，去中心化应用）不断发展，集中于金融、游戏、社交等领域，用户

量和资产量都在不断增长。DApp 通过智能合约实现了交易逻辑的去中心化执行,从而解决了线上交易的信任问题。

DeFi 是当下最为火热的 DApp 之一,其通过智能合约提供一系列去中心化的金融应用。用户可以通过 DeFi 进行虚拟资产的交易,对虚拟资产进行风险、时间维度上的重新配置。DeFi 上的应用功能涉及交易所、衍生品、基金管理、支付、保险等多个方面;同时,其通过将交易契约程序化,在区块链上形成了一套完整的金融系统。

和传统金融相比,DeFi 有哪些不同?主要表现在以下两个方面,如表 3-1 所示。

表 3-1 传统金融与 DeFi 的不同

	传统金融	DeFi
支付和清算系统	跨国汇款需要各国银行间的协作,从审核到到账需要几个工作日,并涉及高昂的手续费	数字代币转账可在 15 秒到 5 分钟内完成,支付的手续费相对较少
中心化和透明度	资金集中在金融机构手中,金融机构存在倒闭的风险,并且用户难以了解其具体运行情况	建立在公链上的 DeFi 协议是开源的,公开透明且便于审计

DeFi 对于元宇宙的构建具有重要意义,高效可靠的金融系统是元宇宙形成稳定的经济系统的基础。用户可自行处理链上的资产,开展各种金融活动,同时用户的操作不受地理、资产、信任因素等的限制。DeFi 和 NFT 能够拓展元宇宙中的内容、身份证明、金融交易等,能够催生一个容纳多样化资产、允许更复杂交易的透明自主的金融体系。

3.1.3　去中心化平台避免垄断，推动元宇宙健康发展

当前，很多企业都在推进元宇宙项目，打造元宇宙产品，力求孕育出元宇宙的一个雏形。然而，这些企业的资源和元宇宙生态都是封闭的，本质上并不能形成真正的元宇宙。成熟的元宇宙体系不会被某一家企业所垄断，也不会因为某一家企业的破产而消失，而是去中心化的、开放的。

中心化平台可能会通过规则的非对称优势损害用户的利益，让总体利润向平台方倾斜。元宇宙是承载人们虚拟活动的庞大生态，在流量方面具备垄断优势。以中心化平台为主导的元宇宙商业模式则会导致大规模垄断，不利于元宇宙的长期发展。

区块链的出现带来了一种去中心化的模式，用户个人数据、资产数据等可以不记录在内容平台上，而是加密记录在区块链平台中。在这种模式下，内容平台无法垄断用户数据，只能单纯地提供平台服务。同时，借助智能合约，平台可以实现去中心化运行，解决某些场景中的信任问题。

在元宇宙搭建的过程中，去中心化模式更符合元宇宙长期发展的要求。在这种趋势下，出现了很多去中心化平台，它们以内容提供者的身份布局元宇宙。

PlanckX 就是一个去中心化的游戏平台，其搭建了一个太空主题的虚拟世界。PlanckX 中存在多个以 CUBE（立方体）的形式存在的三维空间，每个 CUBE 中都有一个独立的虚拟世界，玩家可以自由访问各个 CUBE。

PlanckX 的一大特点是打破了传统游戏分发平台的垄断，解决了传统游戏分发平台分发成本高昂、游戏资产所有权不明确等

问题。PlanckX 允许创作者在平台中开发游戏并以此获得收益，同时以区块链技术保证用户资产的安全。此外，PlanckX 为玩家提供了丰富的游戏体验，并以 NFT 作为玩家在游戏中的奖励。依托强大的区块链经济体系，PlanckX 构建起了一个创作者和玩家可以自由连接的虚拟世界。

在 PlanckX 中，CUBE 是游戏的入口，是 NFT，也是搭建 PlanckX 元宇宙的起点。在 PlanckX 的虚拟世界里，创作者和玩家是其中的两个重要角色。

创作者是 PlanckX 的内容生产者，通过购买平台发行的 CUBE 将游戏发布到 PlanckX 中。创作者不必与平台分享收益，便可以享受平台流量的红利。创作者可以通过 CUBE 质押挖矿获得奖励，也可以通过发布 NFT 游戏获得收益。玩家是 PlanckX 的内容消费者，除了能够获得多样的游戏体验，还能够通过 PlanckX 的奖励机制实现边玩边赚"钱"。同时，创作者和玩家可实现自由交易，实现游戏 NFT 所有权的转移。

相对于传统的中心化平台，PlanckX 这种去中心化的平台更能激发创作者的创作热情，更能激活虚拟世界里的经济活动，从而拓展虚拟世界的边界，促进元宇宙的形成和发展。

3.2 游戏：为元宇宙提供交互内容

要想让更多的人沉浸于虚拟世界，就必须提高虚拟世界的吸引力，以游戏催生多样的交互内容就变得十分重要。游戏为元宇宙的形成提供了空间和内容基础，同时，游戏与现实世界的联系不断加强，更多人看到了发展元宇宙的可能性。

3.2.1 云游戏是元宇宙的雏形

从产品形态上来看，云游戏是十分接近元宇宙的一种游戏形态，也是游戏向元宇宙跃迁的重要基石。云游戏需要不断扩展的特点也和元宇宙十分相似，具备"云端+扩展性"特点的云游戏，正在逐步向元宇宙进发。星游纪 CEO 陈乐曾提到，元宇宙就是基于云游戏产生的更大世界。

为什么说云游戏是搭建元宇宙的必由之路？

当前的游戏在内容和体量上都有了很好的发展。例如，开放世界游戏《塞尔达传说：旷野之息》（见图 3-2）为玩家提供了很强的探索感和自由度。在这个虚拟世界中，只要是玩家目光能够到达的地方，玩家都可以自由探索。

图 3-2 《塞尔达传说：旷野之息》

在游戏中，玩家能够看到的每一个场景、每一个角落，都是游戏设计师精心设计的，玩家可以在探索这个虚拟世界的过程中不断获得惊喜。同时，玩家在游戏中不仅能探索世界和战斗，还能够种地、做饭、摆摊等，能够自由地和其他玩家互动。

可想而知，《塞尔达传说：旷野之息》的运行需要强大计算能力的支撑。然而，元宇宙的内容远比开放世界丰富，所需要的计算量更是难以想象的。这样庞大的计算量如果全部在本地运行，那么将会为客户端的硬件带来极大的负担。此外，元宇宙的内容体量是不断增加的，客户端的硬件难以满足其不断增加的运行需求。

因此，游戏上云就成了必然的发展趋势，而云游戏也成了孕育元宇宙的温床。云游戏能把元宇宙内容运行和渲染的过程转移至云端，同时将渲染完成后的画面压缩、传输给用户，在很大程度上解放了用户的设备限制。元宇宙是一个体量庞大并且不断扩展的生态，只有将其运行和计算上云，解放用户的设备限制，才能让更多的人体验元宇宙，参与到元宇宙的建设中来。

云游戏和元宇宙的密切关系显示出了一条清晰搭建元宇宙的路线：企业可以先以完善的云游戏内容吸引更多的玩家，在此基础上建起完善的用户生态，最后为用户创作提供途径并吸引用户参与到内容创作中来，一步步为元宇宙添砖加瓦。

3.2.2 游戏引擎是元宇宙的技术底座

元宇宙并不是游戏，但游戏却是具有元宇宙特征的产品，并且游戏引擎是元宇宙搭建虚拟世界的重要技术之一。无论实现游戏、社交还是更多场景的虚拟化，都需要实现海量数据的传输和实时 3D 的交互，从这一角度来说，游戏引擎是构建虚拟世界的技术基础。

在这方面，全球知名游戏引擎 Unity 有望成为搭建元宇宙的重要力量。为什么这么说？

Unity 的应用范围十分广泛，在全球排名前 1000 名的游戏中，超过 70%的游戏都是使用 Unity 引擎创作的。在我国，Unity 引擎也备受青睐，《原神》《江南百景图》《英雄联盟手游》等都是使用 Unity 引擎开发的。Unity 官方数据显示，截至 2020 年年底，全球有 150 万名月活跃用户在使用 Unity 引擎进行内容创作，Unity 业务所连接的全球平均月活跃玩家数量达到了 28 亿人，这些数据充分说明了 Unity 在游戏领域的领先地位。

同时，Unity 的引擎技术不止应用在游戏领域，可视化建筑设计、自动驾驶汽车模拟、影视动画等都在使用 Unity 引擎。其合作伙伴有迪士尼、沃尔沃、中国联通等。

Unity 的核心技术就是实时 3D 技术。在这种技术的支持下，实时 3D 画面能够实现高频率的实时刷新，带给人们更强的沉浸感和更好的实时交互体验。

随着技术的迭代，当前很多 2D 内容会向实时 3D 内容转变。人们期待强沉浸感的交互式 3D 体验，这也是元宇宙形成的基础。在元宇宙不断发展的未来，传统的创作工具将不再适用，而 Unity 这样的实时 3D 引擎将成为构建元宇宙的重要技术。

Unity可以为创作者提供强大的实时3D内容创作工具。借助Unity，创作者可以快速构建一个极具有真实感的虚拟世界，制作出逼真的森林、变化的太阳光线等，设计出媲美现实世界的逼真场景。由此可以看出，Unity不仅是一个游戏引擎，还能提供从创作到运营的一站式服务，赋能创作者搭建元宇宙生态。

3.2.3 社交场景功能被逐步发掘，游戏更具社交属性

元宇宙作为一个完整的生态体系，能够映射现实世界中的各种关系，当前越来越多的游戏开始打造玩家之间的社交关系，打造多样的社交场景，一步步向元宇宙靠拢。

目前，市场中已经出现的"游戏+演唱会""游戏+毕业典礼""游戏+会议"等内容，都反映了游戏在社交场景的承载能力和打造社交场景方面的优势。

2020年10月，网易在游戏《逆水寒》中召开了一次人工智能大会，将线下的人物和社交活动搬到了虚拟世界。参会者进入游戏之后，会得到一个虚拟化身，并可以自由选择北宋风格的服饰、发型、配饰等，如图3-3所示。

在这个虚拟场景中，参会者能够通过虚拟化身和其他人进行互动，在古色古香的虚拟世界中召开会议。茶歇期间，参会者还可以观看虚拟舞蹈表演，如图3-4所示。

《逆水寒》为参会者提供了一场别开生面的"穿越"之旅。参会者能够化身北宋的各种人物形象，"穿越"到北宋风格的场景中，与他人互动，体验沉浸式的会议。

图 3-3 参会者的服装

图 3-4 虚拟舞蹈表演

游戏社交场景功能的增强显示了其更强的元宇宙基因。在已有虚拟空间的基础上，我们可以灵活地将会议、演唱会等各种社交场景搬到游戏中，逐步还原现实中的社交关系，为人们提供更加丰富的内容和体验。

3.3 算力网络：保证信息传输和计算能力

算力网络为元宇宙提供了信息传输与计算能力，5G、云计算、AIoT 等为元宇宙产品创新打下了坚实基础。伴随着通信速率和算力网络的持续升级，更多的线下场景将搬上云端，为元宇宙的形成搭建了网络层面的基础。

3.3.1 5G 发展，网络更加优质高效

2021 年是 5G 大力发展的一年，中华人民共和国工业和信息化部（简称工信部）数据显示，截至 2020 年年底，我国建设的 5G 基站超过了 70 万个，2021 年计划新建 5G 基站 60 万个。很多人都会好奇，5G 将怎样改变我们的生活呢？

5G 将会对 4G 通信场景带来颠覆性变革，相比 4G，5G 在传输速度、时延方面都会有质的飞跃。具体来说，5G 具有高速度、大带宽、低时延三个特征。

（1）高速度：高速度是 5G 最直观的表现。4G 的传输速度最快能达到 100 Mbp/s，而 5G 的传输速度则能够达到 10 Gb/s，理论上，5G 的传输速度比 4G 快得多。

（2）大宽带：大宽带是相对于此前宽带频度较低而言的。在 4G 中，太多设备接入或承载大型游戏，就可能出现卡顿的问题。

然而，5G 的大宽带支持接入更多的设备和超大型游戏的运行，能够为用户提供更流畅的网络体验。

（3）低时延：在数据传输的过程中，4G 有约 20 ms 的时延，妨碍了设备实现完全智能化。5G 将时延压缩至 1 ms，低时延的 5G 能够大大提高智能设备的反应速度，提高运行效率。

5G 意味着更快速度、更大承载能力、更低时延的优质、稳定网络，8K 视频、云游戏、VR 应用等都能够在 5G 的支持下更好发展。

5G 的发展能够推动元宇宙的建设并为用户提供更优质的元宇宙体验。当前，人们能够借助 VR 设备进入虚拟空间进行游戏、社交等，但往往会遇到游戏卡顿、眩晕等问题，而 5G 的应用能够在很大程度上提升网络质量，解决以上问题。

同时，当前人们可以在虚拟世界中参加动感的演唱会、看到缤纷的景色，却无法获得逼真的触觉感受。随着 5G 的落地应用，更多的智能设备将被研发出来，借助这些设备，人们能够在虚拟世界中拥有真实的触觉体验。

5G 能够为打造具有真实触觉的触觉互联网提供网络支持。在触觉互联网中，人们能够自由地对虚拟目标进行控制，如倒一杯水、在虚拟世界中踢足球等。要想实现这些功能，需要将大量的感官数据上传到智能穿戴设备中，从而模拟出真实的触觉感受。5G 能够保证海量数据的高速传输，形成更真实的触觉体验。

总之，无论在元宇宙的搭建方面，还是在提升元宇宙的体验方面，都离不开 5G 的支持。

3.3.2 5G+云计算，引爆元宇宙算力

云计算是元宇宙的算力基础，是云存储、云渲染等能力的重要支撑。当前，很多大型游戏都是基于"客户端+服务器"的模式运行的，对客户端设备的性能、服务器的承载能力等有较高要求，如 3D 图形渲染高度依赖终端运算。要想降低用户门槛，就需要分离运算和显示，在云端完成渲染。因此，云计算是构建元宇宙的重要技术。

事实上，当前已经有很多企业看到了云计算对于元宇宙的重要作用。Epic Games 收购了云计算与在线技术厂商 Cloudgine。Cloudgine 的核心优势是，为交互内容提供大规模计算能力。Epic Games 收购 Cloudgine，能够在很大程度上为旗下的游戏引擎赋能，从而创作出更精良的 VR 游戏。在收购 Cloudgine 之后，Epic Games 整合了资源和技术，以 Epic Cloudgine 为游戏引擎，提供海量、实时交互式内容的云计算能力，为步入元宇宙筑基。

5G 与云计算的结合将提供更强大的算力，为搭建更广阔的虚拟空间，甚至形成元宇宙提供算力支持。5G 的高速度、大宽带、低时延的三大特征，将极大提升网络速度，形成高速、稳定的网络。在 5G 的支持下，云计算的可靠性和运转效率都会得到很大提升。

5G 与云计算的结合能够加快元宇宙的到来。一方面，"5G+云计算"将推动云游戏的发展。更优质的网络和更强大的云计算能力不仅能够优化玩家的游戏体验，还能够支撑云游戏虚拟空间不断扩展，推动云游戏向元宇宙发展。另一方面，"5G+云计算"的应用不会仅停留在游戏方面，而是会推动体育、教育等多方面

的云化，将更多的场景搬进虚拟世界，从而推动元宇宙多样生态的形成。

3.3.3 5G+AIoT，物联网模组加码元宇宙建设

作为 5G 的关键应用，无线模组在物联网系统中有着重要作用。同时，基于元宇宙与物联网的密切相关性，无线模组也将为元宇宙的建设提供重要支持。元宇宙的搭建涉及 5G、VR/AR、游戏引擎等多种技术，展示出了构建基于现实世界的虚拟世界的可能性。在各种先进技术的相互作用下，元宇宙需要提供一种强智能、低时延的环境，而无线模组能够为元宇宙赋能，在元宇宙建设中发挥必不可少的无线通信价值。

VR/AR、游戏引擎等技术在不断提升元宇宙的沉浸感的同时，对连接也有着很高要求。无线模组可以通过收集设备数据，整合边缘计算能力，为元宇宙的运行提供数据基础，提供更高的数据管理价值。

基于 5G+AIoT，通信模组可以根据终端需求进行软硬件接口、开放平台等多方面的定制，帮助终端设备处理复杂的连接问题，从而解决元宇宙在跨领域融合终端方面面临的连接难题。

元宇宙涉及不同的领域，其建设其实是一种"跨宇宙"的建设。对于无线模组企业来说，在连接多个端口的同时，打造智慧连接、突破多元通信是赋能元宇宙建设的关键。

作为业内知名的无线模组提供商，广和通推出了多种可以广泛适配物联网终端的模组产品，同时融合 5G，推出了具备高速

度、大宽带、低时延等特性的 5G 模组和具备高算力的智能模组。这些产品可以助力终端设备实现智慧连接，推动元宇宙的建设。

元宇宙的发展将赋能现实中的各行各业，同时实现技术交融。作为其中的关键环节，无线模组需要融合 AI、云计算、区块链、VR/AR 等技术，支持海量用户同时在线。在这方面，广和通不断推动智能模组产品升级，发布了 5G 智能模组 SC161。SC161 将 5G 与高算力处理器相结合，拥有超强的拍摄和图形处理能力，能够满足更复杂的应用场景和更高的无线通信需求。

未来，随着各行业的虚拟化及向元宇宙进发步伐的加快，元宇宙建设将会对智慧连接提出更高的要求。随着元宇宙的发展，无线模组也将释放更大的能量。

3.4 展示方式：提供交互方式

展示方式包括用户进入元宇宙、进行人机交互的方式。当前，随着 VR/AR 技术的发展，用户能够获得多样的沉浸式体验。内容展示相关软硬件技术的成熟开启了通往元宇宙的大门。

3.4.1 动作捕捉技术智能化，提供人机交互新方式

当前，市场中的主流 VR 设备是 VR 头显，借助 VR 头显，用户能够进行 VR 观影、体验 VR 游戏等。但大部分的 VR 头显没有配套的体感交互设备，这使得用户难以获得全身心的强沉浸

感,难以通过身体的各种动作在虚拟世界中与其他人进行互动。若想获得更强沉浸感的交互体验,就离不开动作捕捉技术的支持。

以实现方式对动作捕捉技术进行划分,动作捕捉技术可以分为光学动作捕捉、惯性动作捕捉、计算机视觉动作捕捉等不同的类型。

光学动作捕捉通过对目标对象上光点的跟踪实现对动作的捕捉。最常用的是基于马克点的光学动作捕捉,即在目标对象身上粘贴能够反射红外线的马克点,根据摄像头对马克点的追踪,实现对目标对象动作的捕捉。

Oculus Rift 是光学动作捕捉的代表产品,其搭载了主动式红外光学定位技术,头显和手柄都配备了可以发出红外线的红外灯。其动作捕捉的过程需要两台摄像机进行拍摄,借助红外线滤波片,摄像机只能先捕捉到头显或手柄上发出的红外线,随后再计算出头显或手柄的空间坐标。

惯性动作捕捉基于 IMU(Inertial Measurement Unit,惯性测量单元)完成对目标动作的捕捉。其基本逻辑是,把集成了加速度计、陀螺仪、磁力计的 IMU 固定在目标的骨骼节点上,再对测量数值进行计算,从而完成动作捕捉。

诺亦腾推出的 Perception Neuron 是采用惯性动作捕捉的代表产品,如图 3-5 所示。

Perception Neuron 搭载一套灵活的动作捕捉系统,其每个小小的节点模块都集成了各种惯性测量传感器。用户穿戴好设备后,Perception Neuron 便可以完成对手指、手臂甚至全身的动作捕捉,用户可在虚拟世界中自由地奔跑、跳跃。

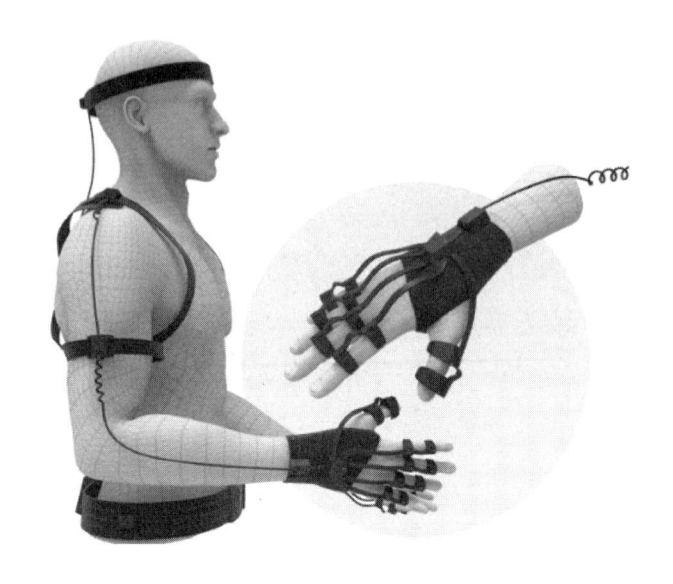

图 3-5　Perception Neuron

计算机视觉动作捕捉基于计算机视觉原理而实现。捕捉过程为，由数台摄像机从不同角度对目标对象进行拍摄，在多台摄像机捕捉到目标对象的运动轨迹后，通过系统运算，便能够得出目标对象的轨迹信息，从而完成动作捕捉。

Leap Motion 的手势识别技术就利用了以上动作捕捉原理。其在 VR 头显内装有两个摄像头，以此提取用户的三维位置信息并进行手势动作的捕捉，建立手部运动轨迹，从而实现手部的体感交互。

当前，动作捕捉技术在很多 VR 体验店中已经得到应用。一些沉浸式 VR 体验店会借助动作捕捉设备、VR 设备等打造虚拟场景，推出一系列沉浸式内容。例如，VR 体验店 THE VOID 曾与迪士尼共同推出《无敌破坏王：大闹 VR》《星球大战：帝国的秘密》等。其 VR 虚拟场景与现实场景一一对应：当虚拟世界里出现风或岩浆时，人们也会感受到有风吹过或温度上升。而且其设备能够识别手指交叉等高难度的手部追踪动作，带给人们更逼真的沉浸式体验。

3.4.2　XR 技术不断发展，元宇宙展现方式升级

当前，随着 5G 商用的不断推进，XR（Extended Reality，扩展现实）终端显示出强大的发展潜力，虚拟世界与现实世界的联系也在不断加强。什么是 XR？XR 指的是通过互联网技术和可穿戴设备产生的一个真实与虚拟相融合的环境，是 AR、VR 及 MR（Mixed Reality，混合现实）等形式的统称。

作为展示元宇宙的主要手段，XR 技术的发展将带给人们更丰富、更沉浸的元宇宙体验。AR 技术可以将虚拟形象带入到现实世界中，VR 技术能将人们带入虚拟世界，而 MR 技术能够将 AR 技术、VR 技术相结合，将人们带到一个虚拟世界和现实世界相融合的世界。

在游戏这一 XR 技术重要应用场景中，玩家可以借助 XR 获得更强的沉浸感和更高的参与度。在 VR 游戏中，玩家会进入一个逼真的、完全虚拟的世界，体验到强沉浸感与真实感。然而，在 AR 或 MR 游戏中，虚拟世界与现实世界完美结合，现实世界变成了游戏的一部分，这同样能够带给玩家真实体验。

基于 XR 领域的巨大潜力，许多科技巨头纷纷提前占位，进

行了多方面的布局。

2021年8月底，爱奇艺旗下子公司、VR厂商爱奇艺智能召开了新品发布会，发布了新一代VR硬件产品奇遇3 VR一体机。同时，随产品首发的30款优质游戏将免费向首任机主开放，包含《亚利桑那阳光》《雇佣兵：智能危机》《僵尸之地：弹无虚发》等。未来，奇遇3还将定期推出免费的游戏内容。

除了游戏，奇遇3也提供了更好的观影体验。其搭载的iQUT未来影院能为用户提供一个2000寸的巨型屏幕，同时能够展现丰富、细腻的色彩，使图像更加自然。在内容方面，依托庞大的爱奇艺内容资源库，奇遇3可向用户提供多样的影视内容。

除了爱奇艺，华为也在持续布局XR产品、硬件和软件等。在XR技术布局方面，华为的专利涉及AR眼镜、VR/AR地图、VR/AR通信等。基于在5G方面的优势，2020年5月，华为海思发布了XR芯片平台，推出了可支持8K解码能力，集成GPU（Graphics Processing Unit，图形处理器）、NPU（Neural-network Processing Units，网络处理器）的XR芯片，并推出了基于该平台的AR眼镜Rokid Vision。

众多企业对于XR技术的布局，推动了XR技术的发展和产品的迭代。可以预见，在不远的将来，随着XR技术的不断发展，元宇宙与现实世界的入口将不断被拓展，多样的展现方式也将加强元宇宙与现实世界的连接。

第4章

大势所趋：元宇宙成为互联网发展的下一阶段

元宇宙与互联网密切相关。元宇宙依托互联网而产生，最终又会深刻影响互联网的发展。当前，人们可以在现实世界中玩游戏、购物、观看演唱会等，随着元宇宙的发展，这些活动都可以被搬到元宇宙中，产生新的商业模式。从这一角度看，元宇宙是互联网发展的下一阶段。

4.1 互联网的发展是构建元宇宙的基础

互联网为元宇宙的构建提供了基础。从互联网的产生到移动互联的发展再到应用生态的不断扩展,互联网技术的演变推动了元宇宙的形成。

4.1.1 互联网发展三部曲:PC 互联网+移动互联网+元宇宙

互联网经过 50 多年的发展,已经从 PC 互联网发展到移动互联网,同时又将迎来一个新的发展阶段。纵观互联网的发展进程,其可分为三个阶段:PC 互联网—移动互联网—元宇宙,如图 4-1 所示。

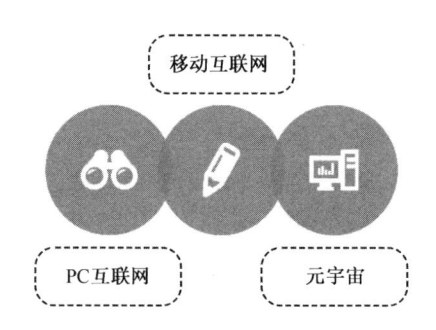

图 4-1 互联网的三个发展阶段

1. PC 互联网

互联网诞生之初的 PC 互联网展现出一种静态模式，网站提供什么内容，用户就浏览什么内容，几乎没有交互。当时，主要以门户网站和搜索引擎吸引流量，内容生态为 PGC 模式，最主要的商业模式是广告。千禧年之后，PC 互联网迎来了发展，社交网络成为新的流量入口，UGC 打造了新的内容生态，产生了电商、游戏等新的商业模式。

2. 移动互联网

在 3G、4G 通信技术的基础上，谷歌 Android、苹果 iOS 等操作系统相继出现，将人们带入了移动互联网时代。各种支付软件、游戏软件、社交软件、办公软件等应用的出现，丰富了人们的生活，线上购物、线上办公等成为趋势。

3. 元宇宙

随着 5G 的商用落地，AI、云计算、区块链等技术的发展和 VR/AR 等设备的迭代升级，一个万物互联的互联网将变为现实，元宇宙也会在此基础上形成。人们可以在元宇宙中体验各种生活，将线下的工作和生活搬到元宇宙中。

为什么元宇宙会成为互联网发展的下一阶段？移动互联网发展至今，商业模式和形态已经基本固定，缺少新的增长点，而元宇宙能够突破现实世界的各种限制，孕育新的商业机会。同时，随着各种技术的不断发展，元宇宙离我们也不再遥远。各种先进、复杂的技术在元宇宙中得到了重整并能够发挥更大作用，元宇宙成了能够打破平台化互联网的有效方法，成为互联网发展的下一阶段。

4.1.2 IPFS：新一代互联网技术推动元宇宙发展

如果人们在虚拟世界里感受不到真实性，而是像在玩游戏，并且游戏内容与现实世界完全脱节，那么这个虚拟世界就不能被称为元宇宙。真正的元宇宙能够连通现实世界和虚拟世界，现实世界的一切都能够在元宇宙中得到映射，并且人们在元宇宙中的活动也会影响现实生活。这意味着在元宇宙中将会产生大量数据，同时元宇宙对数据存储也提出了非常高的要求。

元宇宙搭建的是一个数据主权明确、安全可靠的去中心化虚拟世界，这意味着其需要去中心化互联网的支持。但是当前互联网广泛应用的网络协议是HTTP协议，其具有高度集中的中心化特征，并且十分脆弱，并不利于元宇宙的搭建。

元宇宙在形成过程中会产生海量数据，并且会伴随大量数据的传递，而当下互联网实现了价值的传递，难以实现价值的流转，在身份认证、价值数据的确权、交易中的隐私保护等方面都存在难以解决的问题。

在这种情况下，分布式网络受到了更多关注，IPFS（Inter Planetary File System，星际文件系统）就是其中的典型代表。IPFS是一个基于内容寻址的分布式传输协议，具有去中心化的特征。

传统的中心化存储难以满足数据的大容量存储需求，也无法保证数据的安全性。而IPFS的去中心化存储功能能够满足元宇宙的数据存储需求，并且，融合区块链特征的IPFS还能够实现去中心化的经济结算和记录。此外，借助完备的机制和规则，IPFS可以通过智能合约对元宇宙中海量数据的运行和变化进行跟踪验证，使元宇宙能够正常有效地运行。

未来，IPFS 可能会成为元宇宙底层传输协议，在满足元宇宙庞大数据传输、存储需求的同时，通过按内容寻址的方式保证数据的可持续性。

4.2 元宇宙是互联网的下一时代产物

从互联网发展的角度看，互联网终将会走向元宇宙。一方面，在互联网的发展已接近天花板的情况下，移动互联网需要寻找新出路。另一方面，数字时代的发展将会推动现实世界的线上化，这和元宇宙的发展方向是一致的。在这样的背景下，马化腾提出了"全真互联网"的概念，进一步明确了互联网的发展方向。

4.2.1 发展诉求：互联网需要寻找新的发展机会

当前，元宇宙无疑是市场中的新宠，除了各路资本对元宇宙推崇备至，VR/AR、区块链等领域的科技巨头及互联网巨头也在纷纷部署元宇宙。在这些领头羊的带领下，元宇宙领域也诞生了诸多创业公司。各路企业摩拳擦掌，或先发制人、或后来居上，都想要在这一新的赛道中跑出好成绩。

在互联网红利逐渐消失，流量瓶颈难以突破的大背景下，资本与企业需要以一个新的概念开启发展的新阶段，此时出现的元宇宙就成了市场中争相抢夺的香饽饽。元宇宙不仅是一个新的发展赛道，更是互联网行业的一种"解药"。

以 VR/AR 为例，在元宇宙未兴起之前，VR/AR 虽然能够为用户提供沉浸式体验，但受众面较小，仍属于小众人群的一种爱好。相关的 VR/AR 内容也较少，用户难以获得更加丰富的沉浸式体验。

在元宇宙概念火爆之后，作为元宇宙的技术入口，VR/AR 被推到了风口浪尖。爱奇艺智能、NOLO VR、Pico 等 VR/AR 领域的企业纷纷获得投资；爱奇艺推出的奇遇 3、Pico 推出的 Pico Neo 3、HTC 推出的 HTC VIVE Pro 2 和 HTC VIVE Focus 3 等 VR/AR 产品也扎堆出现。同时，更多的企业开始布局更完善的 VR/AR 业务，以求抓住时代的风口。

其中，典型代表就是 Meta。Meta 在今年积极布局 VR，在硬件和内容方面都取得了喜人的成绩。

在 VR 硬件方面，Meta 全力发展 Quest 独立头显系统，同时也在开发更先进的头显 Quest Pro；在 VR 生态方面，Meta 推出了 VR 应用平台 App Lab、收购了 VR 游戏 *Onward* 开发商 Downpour Interactive，并计划在 VR 内容中投放广告；在 VR 体验方面，Meta 对 Quest 软件系统进行了更新，支持 Air Link 无线串流和实体键盘等；在 VR 交互方面，Meta 积极探索新的交互模式，如手环、脑机接口等，希望在未来实现全手势识别。

可以看到，Meta 在 VR 布局方面正在不断完善，除了加强其在 VR 头显方面的优势，还在积极进行 VR 内容生态的建设。

市场中像 Meta 一样正在布局元宇宙的互联网企业还有很多。对于这些企业来说，元宇宙是其突破当下发展瓶颈的一种可行的尝试途径。同时，在 VR/AR、AI、5G 等先进技术的支持下，新的商业机会不断出现，充满科幻意味的元宇宙将带来无限可能。这种潜在的发展机会让更多企业心动，越来越多的企业纷纷加入搭建元宇宙的队伍中。

4.2.2 进化结果：元宇宙是数字社会互联网发展的必然结果

当前，数字时代不断发展，现实世界向数字世界迁徙、人类数字化生存成为未来社会发展的趋势，而元宇宙为现实生活的数字化发展提供了一种可行的解决方案。从这一角度来说，元宇宙是数字社会发展的必然结果。元宇宙并不是昙花一现的幻想，而是会成为人们数字化生存的栖息地。

元宇宙作为生活的数字化平行世界，与人们的游戏、社交、工作等需求紧密相关。随着生活数字化进程提速，越来越多的人愿意把更多的时间投入到虚拟世界，在虚拟世界中进行娱乐、社交、创作、购物等。元宇宙不仅会将现实生活中的人、物等搬到虚拟世界，还会复刻现实世界中的运行逻辑、商业模式等。同时，新的场景、新的关系还会催生新的商业模式，为互联网企业提供新的盈利点。

未来，随着社会的数字化发展，人们的更多活动将被搬到线上，而元宇宙则为人们提供了一个边界不断拓展的虚拟空间，让人们可以体验到个性化、场景化、互动化的数字化生活。从这一角度来说，元宇宙符合数字社会的未来发展要求。

具体而言，元宇宙能够带来三个方面的数字化，如图4-2所示。

人与世界关系的数字化

现实世界和数字世界融合

数字资产被持续创造

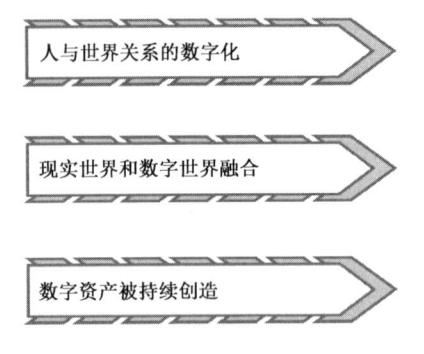

图 4-2　元宇宙带来三个方面的数字化

1. 人与世界关系的数字化

在元宇宙中，人机交互体验或将超越人和人的交互体验，不仅能够实现社会关系的数字化，还能够实现人与世界关系的数字化。过去几十年，线上聊天、网络购物、视频会议等实现了人与人社会关系的数字化。未来，在元宇宙中，人们将会与其他人更频繁地互动，同时，线下的更多关系将会被转移到虚拟世界中，实现人与世界关系的数字化。

2. 现实世界和数字世界融合

未来，现实世界和数字世界的交集会越来越多，直至走向融合。数字世界不断地模拟和复刻现实世界，最终形成更广阔的数字空间。数字世界的发展也可以反作用于现实世界，二者的边界将逐步模糊，最终走向融合。

3. 数字资产被持续创造

在元宇宙中，数字建筑设计、数字艺术品创作等领域将涌现出更多 UGC 内容。用户既是消费者，也是 UGC 内容的创作者。当 UGC 成为数字世界中的主要内容时，就意味着海量数字资产将被持续创造。数字资产不仅包括现实世界中数字化的实物资产,也包括数字世界中被创造出来的虚拟资产。在不断的创作中,元宇宙的数字经济规模将持续扩大。

元宇宙各方面的数字化也会深刻影响我们的生活。试想,未来的某一天,我们可以这样工作:

早上8点,在关掉闹钟后,你慢悠悠地起床、洗漱、吃早饭。9点,到了上班的时间,你穿戴好全身追踪的智能设备,瞬间进入建于元宇宙中的公司。同时,同事的虚拟化身也陆续出现。大家可以聚在一起讨论工作,共享虚拟资料。10点,你收到大洋彼岸的会议邀请,点击"接受"后,你瞬移到了一个虚拟会议室,来自世界各地的同事聚在一起,进行面对面的会议。12点,上午的工作结束,你关闭了智能设备,瞬间回到了现实世界,开始和家人一起享受可口的午餐。

这一切看起来无比梦幻,但可能会在未来的某一天成为现实。当工作数字化融入更多的虚拟现实元素时,元宇宙的场景边界就从人们的游戏、社交等生活场景扩展到了更大规模的社会场景。

4.2.3 全真互联网:移动互联网迎来大洗牌

2020年,在百度、阿里巴巴不断发力AI、云计算等技术领域的同时,腾讯将发展的目光瞄向了更遥远的"全真互联网"。2020年11月,在腾讯推出的2020年度特刊《三观》中,马化腾提出了全真互联网的概念:"现在,一个令人兴奋的机会正在到来，移动互联网十年发展，即将迎来下一波升级，我们称之为全真互联网。"马化腾同时预测道："随着 VR 等新技术、新的硬件和软件在各种不同场景的推动，我相信又一场大洗牌即将开始。就像移动互联网转型一样，上不了船的人将逐渐落伍。"

那么，这个能够引发行业洗牌的全真互联网究竟是什么？马化腾在文章中阐述道："这是一个从量变到质变的过程，它意味着线上线下的一体化，实体和电子方式的融合。虚拟世界和现实世界的大门已经打开，无论从虚到实，还是由实入虚，都在致力于帮助用户实现更真实的体验。"从这一表述来看，全真互联网和元宇宙十分相似。

在全真互联网或元宇宙的虚拟世界中，人们可以自由在商场中选购商品，然后选择将商品送到现实中的地址；可以通过出售自己在虚拟世界创作的产品获得收益。人们在虚拟世界的消费和收益记录能够和现实世界同步。这个世界之所以这样神奇，正在于其能够实现社交、工作、消费等多场景的虚拟与现实的连接。

在提出全真互联网这个概念后，腾讯在进军元宇宙的道路上加大了马力。2021 年 9 月以来，腾讯申请了近百条与元宇宙相关的商标，如"腾讯音乐元宇宙""和平精英元宇宙""天美元宇宙"等。

2021 年 11 月 10 日，腾讯发布了第三季度财报，其中腾讯在科研方面的投入创 2021 年季度新高。腾讯表示，未来将加大虚拟现实产品的研发投入，推出更高参与度、更优体验的产品。此外，基于其游戏和社交基础，腾讯将加大技术研发力度，不断探索和开发元宇宙。

除了推进内部研发，腾讯在元宇宙领域的投资也从未停止。例如，在游戏方面，腾讯投资了 Epic Games，将结合其自研游戏、游戏平台和引擎为自身游戏业务赋能。同时，腾讯投资了 Avakin Life、Roblox 等沙盒游戏公司。其中，Avakin Life 的注册用户超过 2 亿人，日活跃用户超过 100 万人，而 Roblox 创造了月活跃用户 1.15 亿人的纪录，用户群体广泛，二者都存在孕育元宇宙的基因。

腾讯的这些投资不但扩大了自身元宇宙的生态，也衍生出了新的玩法。2021 年 9 月，腾讯旗下的 QQ 音乐与 Roblox 共同推出了《QQ 音乐星光小镇》，探索沉浸式音娱类游戏。

《QQ 音乐星光小镇》为玩家提供了沉浸式的互动音乐体验。进入游戏后，玩家仿佛来到了演唱会现场，能够在多场景转换中体验更动感的音乐。此外，玩家还可以在虚拟的建筑中穿梭，用星光点兑换音乐周边产品等，获得别样的音乐体验。

腾讯在元宇宙领域的布局表现出了互联网行业的一种趋势，未来将会有更多企业加入到元宇宙建设的队伍中，在虚拟与现实方面，也会实现消费互联网、产业互联网、应用场景等多方面的融合，从而带来互联网行业的大洗牌。在这样的趋势下，率先入局的企业更容易弯道超车，而落后的企业则可能会被行业的洪流湮没。

02

应用篇

第5章

资本涌入：元宇宙市场风起云涌

元宇宙概念火爆全球，引起大量资本涌入。在国外市场，Roblox、Epic Games等游戏公司吸引了数十亿美元的投资，微软提出建立"企业元宇宙"，谷歌、英伟达也纷纷开始布局元宇宙。在国内市场，腾讯、字节跳动、网易等互联网巨头竞相入局，VR/AR、网络游戏、超高清视频等元宇宙相关市场成为资本的新宠儿。

5.1 新商业模式+新投资机会

元宇宙的出现让虚拟空间和虚拟产品进入大众视野，由此出现了很多新的商业模式和投资机会。为了跟上元宇宙发展的大趋势，众多创新型企业开始布局元宇宙，以求先人一步掌握其商业模式和先进技术。

5.1.1 虚拟空间和虚拟产品带来新的商业模式

随着国内外互联网巨头的一系列动作，元宇宙这个概念广泛受到大众关注。那么元宇宙产生的虚拟空间和虚拟产品带来了哪些商业模式呢？下面我们就来介绍一下。

1. 销售艺术品 NFT

艺术品 NFT 博物馆是目前元宇宙中应用最广泛的一种商业模式。NFT 具有唯一性和不可复制性，因此与艺术品具有天然的关联性。最早进入元宇宙的大部分人就是艺术家相关群体，例如，刘嘉颖的赤金美术馆、宋婷的熊猫馆、BCA Gallery 等，由此催生了元宇宙中最早的也是最流行的艺术品收藏商业模式。

2. 元宇宙建造服务

一些人在虚拟世界拥有很多土地，但是精力有限，所以需要聘请第三方团队帮忙建设。由此，便催生出了第三方元宇宙建造服务公司，如 MetaEstate、Voxel Architects 等。例如，Cryptovoxels 平台上的元气星空 MetaChi HQ、Creation 时尚馆等场馆都是由 MetaEstate 建造的。

3. 广告宣传

有流量的地方就可以做广告，随着进入元宇宙的用户越来越多，广告服务势必将成为一个热门的商业模式。例如，MVB（Metaverse Billboards）就是一家在元宇宙中做广告的服务商，MVB 已经在 Cryptovoxels 平台布局了 250 多个广告牌，价格为每周 1 枚比特币。当然，除了专业的广告公司，个人也可以在元宇宙中赚取宣传费，例如，Aily Gallery 供多位艺术家在场馆中布置为期数天的展览。

4. 地产租赁

现实世界中的房地产可以买卖，也可以租赁，虚拟土地同理。一些持有很多虚拟土地的人没有时间进行建设，那么把这些土地租给有创意、有经营想法的玩家，也许是一个资源交换的好办法。

5. 沉浸式体验项目

沉浸式体验指的是让人们专注于当前氛围而忘记现实世界的体验。例如，我们去北京环球影城，跟着哈利·波特在高空飞翔，跟着小黄人上蹿下跳，但其实我们可能只是乘坐了几次过山车，而整个园区营造出来的氛围却让我们觉得仿佛置身在电影世界。事实证明，这种沉浸式体验项目的评价远高于单纯的过山车，而且定价更高。元宇宙的沉浸感天然适合打造沉浸式体验项目，游客可以在 VR、AR 等设备的加持下获得更真实的体验。

6. 游戏项目

游戏因为本身自带虚拟属性，所以更容易融入元宇宙。例如，*The Sandbox* 是一个区块链游戏平台，玩家可以在区块链上将游戏装备 NFT 化。这种区块链游戏，由于场地等资产和游戏装备都进行了 NFT 化，玩家便可以获得投资 NFT 和游玩的双重体验。

7. 服饰销售

虚拟世界虽然不能替代现实世界，但可以改变我们的生活方式。例如，我们购买衣服的场景从线下商场延伸至淘宝界面，再延伸到直播间，向着越来越立体化的方向发展。但是主播试穿毕竟不是消费者亲自试穿，主播试穿的效果并不一定适合每一个消费者。元宇宙的出现或许可以让这一场景发生根本性变革，那时，我们可以用自己的数字替身去虚拟世界试穿衣服，真正做到足不出户买遍全球好物。

8. 线上 KTV

目前，线下 KTV 受到空间的限制，无法让相隔千里的人在同一场景下一起唱歌。元宇宙可以将全世界的人们聚集在一起，让他们在同一场景下进行社交，自然也包括一起唱歌。

9. 数据服务商

随着虚拟世界的发展，万物越来越离不开数据。买家要想了解在售虚拟土地的信息，卖家要想了解市场上虚拟土地的平均价格，都离不开数据的支持，所以元宇宙中必须有专业的数据服务商。

在不久的将来，随着元宇宙的进一步完善，可能会出现一批新商业模式和新职业，如元宇宙建筑师、场馆设计师、元宇宙游乐项目规划师、元宇宙场馆运营方等。这些新商业模式不断丰富着元宇宙的功能，让更多人参与进来，最终形成真正的元宇宙。

5.1.2 商业模式和技术成为投资指向标

元宇宙的目标是打造一个可供体验的、规模庞大的虚拟场景。目前，元宇宙在 AR、VR、AI、区块链等技术的加持下快速发展，资本、技术创业者都高度重视元宇宙。根据 Roblox 概括的元宇宙八大特征：身份、朋友、沉浸感、低时延、多元化、随地、经济系统、文明，我们可以得出元宇宙的四个投资方向。

（1）技术基础设施：硬件、AI、无线通信服务、互联网技术；

（2）内容与应用服务；

（3）运营服务、协议工具；

（4）新的经济体系和商业模式。

技术是支撑元宇宙产业的基础，技术的发展将决定元宇宙市场的成熟程度。在技术基础设施完备的前提下，元宇宙生态才能更加完备，所以，技术是当之无愧的投资热点之一。

元宇宙需要源源不断的内容，仅靠官方生产内容是远远不够的。因此，我们需要建立一个生态，让人人都是创作者，使参与元宇宙的人们既消费内容又供应内容。这样借由用户的自主创作，元宇宙的世界才能更丰满。所以，内容也是元宇宙投资的重点。

除此之外，为了提高数字资产的价值，优化用户体验，元宇宙中还要有各种第三方服务商，其负责提供运营服务和协议工具，包括数字资产托管、一键进入元宇宙等。

由于供应端的改变，元宇宙中还会出现新的经济体系。去中心化共识、开放式架构、加密资产等经济机制，可以催生更多的商业模式，由此带来更多的投资机会。

5.2 国内外巨头入局，布局新蓝海

为了抓住行业发展的新趋势，国内外多家互联网巨头开始布局元宇宙，包括米哈游、微软、英伟达、华为等。

5.2.1 米哈游：以游戏入局，打造供十亿人生活的虚拟世界

米哈游从 2014 年到 2020 年，员工规模几乎每年翻一番，其收入每 3 年或 4 年出现新产品时就显著提升。目前，米哈游的员工已达 2400 人，只要上线新产品，整体收入就会大幅增加，例如，2020 年《原神》全球公测后，米哈游的营收突破了 50 亿元。

谈及米哈游，就不得不提《原神》。《原神》是一款远超米哈游预期的项目，荣登中国、日本、美国等全球 30 多个市场畅销榜榜首。与其他游戏大作的研发模式不同，《原神》几乎没有外包内容，除了本身对品质的追求，米哈游还将《原神》打造为一款

服务型游戏（免费下载，内购付费）。这样的模式要求游戏能保证长期稳定的更新，且能持续输出优质内容。

做服务型游戏是米哈游在 2013 年时意识到的，当时《崩坏学园》正式在 App Store 中国区免费上线。在推出《带我去月球》（*Fly Me to the Moon*）后，米哈游意识到在移动平台上付费下载的游戏很难取得成功。于是，米哈游转型做服务型游戏，这才有了如今的《原神》。尽管《原神》获得了极大成功，但米哈游依然在思考单个游戏产品的上限在何处，我们可以将其理解为公司的新的增长点，即米哈游未来的进化方向。

米哈游有一句人尽皆知的口号"技术宅拯救世界"。对此，其创始人蔡浩宇给出了解释。

对于"技术"和"宅"，他表示米哈游依然想做一家科技公司，其核心竞争力，就在于用最好的技术，做出符合用户需求的内容。对于"拯救世界"，他希望米哈游在未来几十年后，能建造出像《黑客帝国》《头号玩家》等电影中的虚拟世界，即在有类似设备的前提下，构建出拥有海量内容的世界。这也是米哈游的未来愿景，即构建出供十亿人生活的虚拟世界。

这是米哈游的愿景，同时也体现了米哈游入局元宇宙的决心。对于米哈游来说，开发《原神》这样的游戏只是起点，其目标是通过每 3 年或每 4 年一次的产品迭代，逐步构建出接近元宇宙的虚拟世界。

5.2.2 微软：聚焦技术与内容，专注于企业元宇宙

在布局元宇宙方面，老牌科技公司微软自然也不甘落后。目前，微软在硬件入口、底层技术、内容这三个方面发力，专注于构建企业元宇宙。微软通过 HoloLens、Azure 云服务、Azure Digital Twins 等工具致力于帮助企业客户将虚拟世界与现实世界融为一体。

（1）硬件入口：HoloLens（微软开发的一种混合现实头戴式显示器）继承 Kinect（体感周边外设）技术，但是不开发游戏外设，而是致力于开发生产力工具。

（2）底层技术：完善的企业元宇宙技术堆栈，包括 Azure Digital Twins、Microsoft Power 平台、Azure IoT、Azure Synapse 分析等。

（3）内容：基于 Xbox 平台探索元宇宙，《我的世界》《模拟飞行》等游戏皆是微软探索元宇宙的体现。

相较于其他企业，微软率先提出布局企业元宇宙这一方向。微软在 Microsoft Ignite（在线技术大会）上宣布，将旗下的 Microsoft Teams（一款聊天和会议应用）打造成元宇宙，将 Microsoft Mesh（多用户、跨平台的混合现实应用程序）融入 Microsoft Teams，并借助一系列整合虚拟环境的应用，让用户在互通的虚拟世界中更好地工作、交流。

除此之外，微软还宣布将在 Microsoft Teams 中新增 3D 虚拟化身功能，如图 5-1 所示。用户不需要使用 VR/AR 设备，就能以虚拟人物的形式出现在视频会议中，对其个人形象和身份有了更多控制权。

图 5-1　3D 虚拟化身

微软还将 Xbox 游戏平台纳入元宇宙，让企业平台与娱乐平台同步发力，逐渐扩大元宇宙的覆盖范围。

5.2.3　英伟达：开源互联的虚拟世界

2021 年 4 月，在英伟达举办的 GTC 大会上，其创始人黄仁勋以自家的厨房为背景开展了主题演讲。他身穿标志性的皮夹克，侃侃而谈。在发布会结束后的几个月，所有参会者都没有发现任何异常。之后，在计算机图形学顶级年度会议 ACM SIGGRAPH 2021 上，英伟达揭示了其 GTC 大会暗藏的玄机。创始人演讲的全部画面都是用仿真建模、追光技术、GPU 图像渲染构建的虚拟场景。

英伟达用一场"假"发布会向人们展示了元宇宙的冰山一角，并通过计算机图形学顶级年度会议 ACM SIGGRAPH 2021，重点介绍了英伟达研发的 Omniverse 基础建模和协作平台。

早期,英伟达将重点工作放在 GPU 上,但如今英伟达不仅提供 GPU 的硬件支持,还致力于打造一个强大的图像处理平台,这个平台集硬件、软件、云计算等功能于一身,并且是一个开源平台,可以兼容其他厂商的各种渲染工具。

图像技术开发者利用这个平台,就能模拟出逼真的现实世界。3D 建筑设计师、设计 3D 场景的动画师、开发自动驾驶汽车的工程师,可以像编辑文档一样轻松设计出 3D 虚拟场景。

为了让这场发布会更逼真,黄仁勋拍了上千张自己的照片,通过 3D 扫描,把身上的各种细节精准地记录下来,还为皮夹克单独拍了照片。在建模后,英伟达依靠强大的工具对人物进行了处理。例如,基于 GAN 技术的自动高分辨率图像生成,把 2D 图像转变为高品质的 3D 图像。除此之外,英伟达还利用其新推出的具有 30 次追光技术的 NVIDIA RTX,实时追踪光线,移动视角,以达到最佳的仿真效果。所以当"黄仁勋"出现在视频中时,大多数人都没有看出端倪。

总之,这场"假"发布会对英伟达的技术进行了相当有力的宣传。英伟达的目标是打造一个开源的虚拟世界,在这一世界中,用户可以进行 3D 建模、游戏开发,也可以进行产品设计、科学研究等。目前,英伟达已获得众多厂商的支持,如 Adobe、Blender、Autodesk 等。

5.2.4 华为：推出"星光巨塔"

在 HDC2021 开发者大会期间，华为发布了一款基于虚实融合技术的实景游戏《华为河图之星光巨塔》。该游戏是 LBA（Location Based Service，基于位置的服务）和 AR 技术的叠加而创作出的一款 LBS AR 游戏，其将现实世界实用的 LBS 和最具想象力的 AR 技术结合，为实景游戏增添了更多魅力。玩家进入 App，可以看到一个虚实融合的世界。当九色神鹿穿越时空出现在华为园区时，星光巨塔将伫立在湖面上，如图 5-2 所示。玩家可以通过地图定位 AR 内容，并收集能量、搜索宝箱、寻找 NPC、团战打 BOSS，以取得最终的胜利。玩家团队的分数会以 AR 看板的形式显示在特定位置。

图 5-2 星光巨塔

这款游戏奇幻的 AR 效果是通过图鸦 App 实现的，图鸦 App 是华为研发的一款内容创作工具。这款工具内置丰富的 AR 素材和 AR 模板，能大幅提高创作效率，降低创作成本。开发者可以在图鸦 App 中自由地创作 AR 作品，作品能永久保存于《华为河图之星光巨塔》的元宇宙中。

星光巨塔是华为将虚拟世界与现实世界融合的一次尝试，也展示了其入局元宇宙的野心。未来，随着华为等公司的加入及 VR/AR 产业的日趋成熟，元宇宙有望迎来更好的发展机遇。

5.3 新秀崛起，成为投资指向标

除了一些老牌互联网公司，专注于元宇宙相关赛道的新秀们也迎来了巨大的发展机遇，如大朋 VR、Unity、微美全息等元宇宙技术开发商，都获得了大量资本的支持。

5.3.1 大朋 VR 完成千万美元融资，发力元宇宙基建

联合光电旗下基金、谦宜资本、小村资本等投资机构联合投资了软硬件一体化全栈 XR 技术与产品开发商大朋 VR，这一轮投资高达千万美元，有助于大朋 VR 进一步发力元宇宙基建。

有了雄厚的资金储备，大朋 VR 将加大产品的研发投入力度，引入高端人才，致力于打造更完美的 VR 产品。大朋 VR 将基于智能交互、VR 硬件等虚拟现实技术，专注于研发元宇宙基础设

施，同时整合上下游资源，从技术、标准、应用等层面探索元宇宙的建设。

大朋 VR 的创始人陈朝阳曾主持开发了国内首款臂式可穿戴计算机，其合伙人章立曾是我国最早一批 Android 智能电视生态的布道者，团队经验非常丰富。这也为公司研发元宇宙基础设施，打造效率更高的虚拟交互形式奠定了基础。目前，大朋 VR 的研发方向从软件系统、硬件设备到全栈 VR 解决方案，几乎涵盖了元宇宙基础设施建设的各个方面，产品包括 VR 一体机、PC-VR 头盔、泛娱乐 VR 平台等。

目前，大朋 VR 的服务范围遍及国内外 40 多个国家和地区，13000 多个开发者，是元宇宙基础设施服务商中的潜力股。

5.3.2 游戏工具开发商 Unity 获多轮巨额融资

Unity 于 2004 年成立，起初其主要业务是开发游戏，在推出首款游戏《粘粘球》（Goo Ball）遭遇失败后，Unity 团队意识到游戏引擎的重要性。于是，Unity 决定开发一款任何人都能买得起的引擎，帮助更多开发者制作 2D、3D 内容。

目前，Unity 已经完成了 5 轮融资，且 IPO 取得了巨大成功，上市首日的收入上涨了 32%，公司市值增至 180 亿美元。

2009 年，Unity 获得 550 万美元的 A 轮融资，由红杉资本领投。

2011 年，Unity 获得 1200 万美元的 B 轮融资，由华山资本、iGlobe Partners 领投。

2016年，Unity获得1.8亿美元的C轮融资，由DFJ Growth、中投公司、峰瑞资本领投。当时，Unity的估值已经达到15亿美元。

2017年，Unity获得4亿美元的D轮融资，由银湖资本领投，公司估值达到30亿美元。

2019年5月，Unity获得1.5亿美元的E轮融资，且在2个月之后又融资5.25亿美元，由D1 Capital Partners、Light Street Capital、红杉资本、银湖资本等机构领投，公司估值达到60亿美元。

2020年，Unity在纽约交易所上市，发行价为52美元，共发行2500万股，募集资金总额为13亿美元。其中，红杉资本持股24.1%，为最大的股东。

Unity的估值一路攀升并且获得多轮巨额融资，可以看出资本对于元宇宙相关技术的发展充满信心。未来，随着资本的大量涌入，3D、VR、AR等元宇宙相关技术的不断发展，越来越多如Unity一样的公司也将如雨后春笋般涌现出来。我们相信，元宇宙的实现将指日可待。

5.3.3 上市一年，微美全息累计融资1.7亿美元

随着虚拟现实技术的发展，VR、AR等技术在更多行业得到了应用，在"十四五"规划纲要中，VR、AR被列为未来重点发展的产业之一。VR、AR因此成为各大机构争相投资的热点，是近期名副其实的"资本红人"。微美全息作为全息AR上市第一股，上市仅一年，就已获得累计1.7亿美元的融资。

我国有大量的互联网用户，苹果和谷歌等系统供应商提供了多种基础工具，使得开发多样化的 AR 内容变得更加方便，更多用户可以以较低的成本体验 AR，大众对 AR 的接受度越来越高。

作为我国全息 AR 的代表企业，微美全息专注于全息云服务，覆盖车载 AR 全息 HUD、头戴光场全息设备、全息云软件等专业领域，是一家全息云综合技术方案提供商。

微美全息与中国移动等运营商合作，积极推动 5G 全息通信业务的实践，助力我国全息通讯应用的数字化转型。微美全息计划加强现有技术，保持在行业中的领先地位，同时利用 5G 大带宽、高可靠、低时延、海量连接等特性不断升级技术，在更多领域取得突破，最终建立一个基于全息技术的商业生态系统。

无论 5G 智能应用，还是 5G 全息视频通话，微美全息一直没有停下研究 5G 的脚步。未来，微美全息还将发挥 5G 实时全息技术在行业内的引领作用，加速三大运营商实现数字化转型，为广大用户提供更优质、更便捷的信息服务。

第9章

游戏+社交：元宇宙的入口

在元宇宙风口之下，Roblox、米哈游、Meta等科技巨头纷纷布局，或加强元宇宙领域的收购，或推出元宇宙概念产品。纵观这些企业的动向，我们发现这些企业多在游戏和社交两个领域发力。

为什么各大企业都看好游戏与社交这两个领域呢？当下的很多游戏和社交产品都为玩家提供了虚拟身份和沉浸式体验，同时也有顺利运转的经济系统，这使得其在转型成为真正的元宇宙产品方面更具优势。从这方面来说，游戏和社交是进军元宇宙的捷径。

6.1 游戏 VS 元宇宙：以虚拟游戏空间探索元宇宙

当前，因为游戏与元宇宙之间的诸多共性，游戏领域成为众企业逐鹿元宇宙的主要战区。很多成熟的游戏已经形成了一个完善的生态，为元宇宙提供了现成的虚拟空间，具备了向元宇宙转化的雏形。基于此，众多游戏巨头纷纷汇聚优势力量，推出了自己的元宇宙游戏。

6.1.1 游戏为元宇宙提供了可行的展现方式

游戏天然具备打造元宇宙的基因，为孕育元宇宙提供了肥沃土壤。生态更加完善的大型游戏更具备元宇宙基因，其往往拥有以下五个特征。

（1）提供虚拟身份：游戏中的虚拟身份能够赋予玩家一个新身份，玩家可以以这个虚拟身份在虚拟世界里活动。同时，定制化、形象化的虚拟身份能够让玩家产生更多代入感。

（2）强社交性：玩家可以在活动中形成个性化的社交网络，可以随时和其他玩家交流、协作、共同观影等。

（3）自由创作：很多大型游戏，尤其是沙盒游戏都支持 UGC 创作，在用户共创下可以不断拓宽游戏的边界，这一特性和元宇宙十分相似。

（4）沉浸式体验：游戏作为强交互性、强沉浸感的内容展示方式，是元宇宙主要的内容载体。同时，游戏也是 VR 设备的主要应用场景。凭借 VR 设备，游戏能为玩家带来身临其境的沉浸式体验。

（5）经济系统：游戏中搭建了相对完善的经济系统，玩家可以通过活动获得收益，产生的虚拟资产也可以在游戏中流通。

以上这些因素都为打造元宇宙提供了基础，目前，很多游戏都已经具备了一些元宇宙基因。

例如，Decentraland 打造出了一个去中心化的虚拟世界，并拥有完善的经济系统。用户可以在其中展示自己的数字作品并进行拍卖，以此获得收入。用户还可以在 Decentraland 中购买土地和其他商品，甚至可以雇用其他用户为自己工作，并用数字资产为其支付工资。

再如，沙盒游戏《我的世界》在自由创作方面做得十分出色。游戏没有预设的剧情或关卡，主要由玩家依靠创造力自由发挥。游戏为玩家提供了各类基础建筑材料，如各种石头、栏杆、阶梯、木板等，如图 6-1 所示。

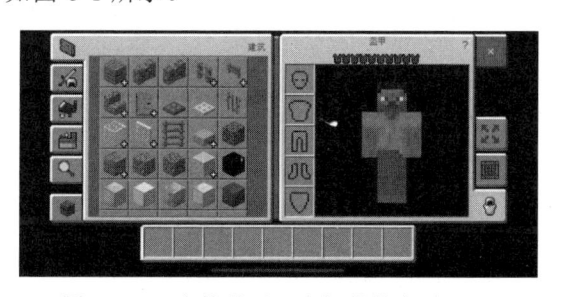

图 6-1 《我的世界》中提供的各种工具

玩家可以根据自己的创意充分利用不同元素，搭建各式建筑，甚至创造出一个小世界。在这种模式下，玩家如同造物主一般，有充足的资源和工具，可以自由发挥想象力和创造力。

Decentraland在经济系统方面做得比较出色，而《我的世界》在自由创作方面十分接近元宇宙。二者虽然并未形成真正的元宇宙，但已经展示了元宇宙的一些特征。从这方面来看，游戏可以说是元宇宙的雏形，借助游戏，我们可以更充分地理解元宇宙。

6.1.2　元宇宙成为游戏公司的必争之地

基于游戏与元宇宙的相似性，游戏领域的竞争态势越来越激烈，众多游戏公司纷纷布局元宇宙。新兴的游戏公司以元宇宙为发力点，获得了更多关注，一些实力更为强劲的游戏公司则在元宇宙领域进行了更多探索。

2021年9月，网络游戏公司中青宝表示将推出一款带有元宇宙性质的模拟经营类游戏《酿酒大师》。玩家可在游戏中酿酒并在现实生活中获得真实的酒，同时也可以自由出售这些酒。《酿酒大师》与知名白酒品牌合作，并通过为白酒鉴定给出官方认证，能够保证产品的真实性。随后，汤姆猫也表示公司十分看好元宇宙，已经成立了元宇宙专项工作组。在此之后，中青宝、汤姆猫的股票连日暴涨，显示了资本对于元宇宙的看好。

除了中青宝、汤姆猫等游戏公司借元宇宙崭露头角，游戏领域的新势力莉莉丝也在积极布局元宇宙。在此前近十年的发展中，莉莉丝推出了多款爆款游戏，如《万国觉醒》《剑与远征》等，并以此获得了巨额收入。此外，莉莉丝的持续输出能力也十分惊人。2020年11月，莉莉丝推出的新款游戏《战火勋章》（Warpath）上线后，仅4个月流水就突破了1亿元。

强大的研发能力是莉莉丝持续发展的重要基础，也是其征战元宇宙的核心利器。在元宇宙概念火爆之后，莉莉丝对标Roblox，正在积极研发自建UGC创作平台"达芬奇"。

当前，莉莉丝已经申请了"莉莉丝达芬奇计划游戏编辑软件""莉莉丝达芬奇计划游戏软件"等两项软件著作，这与Roblox为用户提供的开发工具和游戏作品分享社区十分相似。

2020年6月，莉莉丝举办了"达芬奇计划游戏创作大赛"，为投身游戏领域的开发者打造线上活动，通过游戏作品开发课程帮助开发者开发游戏。此外，开发者也有机会进入莉莉丝工作，获得丰厚的奖金。从活动形式上来看，莉莉丝正在尝试构建开发者社区生态。

无论从游戏产品出发还是从UGC创作平台出发，都表明了这些公司已经将元宇宙视为未来的发力方向。从短期来看，这些布局能够推动公司游戏业务的发展；从长期来看，这些活动都是元宇宙的组成部分。未来，在元宇宙的发展中，作为形成元宇宙的重要场景，游戏领域的竞争也会更加激烈。

6.1.3　从沙盒游戏到元宇宙：可行的发展路径

游戏能够为元宇宙提供展现空间，其中最关键的一点是，游戏需要提供不断打破边界、不断扩展的虚拟空间。只有这样，才能够满足元宇宙的可延展性。

当前市面上有一些制作精良、版图巨大的开放世界游戏，能够让玩家沉浸在游戏世界中自由探索，但其依然存在难以长久地为玩家带来新鲜感的问题。游戏的日常维护、版图更新等需要大量人力，这对于游戏公司来说无疑是一个沉重的负担。

一个能够容纳海量玩家的游戏要想获得长久发展，甚至形成元宇宙生态，就需要让玩家成为游戏的创作者，让玩家可以自由地创造游戏场景、机制、道具等。只有这样，游戏才能够拥有长久的生命力。

在这方面，可以让玩家自由创作的沙盒游戏为游戏的发展提供了一种可行方案，更能够打造元宇宙生态。以《我的世界》和Roblox为例，两者都是支持玩家进行创造的沙盒游戏，玩家在这两款游戏中能够创造出很多和现实世界中的物品相像的东西。

不同的是，《我的世界》中的场景风格是像素风格的，相对而言，Roblox中的场景更具真实感，如图6-2和图6-3所示。

图6-2 《我的游戏》中的场景

图 6-3　Roblox 中的场景

此外，在创作方面，《我的世界》虽然支持玩家自由创作，但这种创作仅局限于《我的世界》，且需要遵循游戏规则。Roblox 是一个更自由的创作平台，在 Roblox 中，玩家可以创作出新的游戏，设计个性化的游戏规则和道具。从这个方面来说，Roblox 更接近元宇宙形态。

正是因为沙盒游戏满足了元宇宙的可延展性，其才具备更多的元宇宙基因。以沙盒游戏为基础融入更多的元宇宙元素、展现更多的场景和空间，是发展元宇宙的可行路径。

6.2　社交 VS 元宇宙：以虚拟社交空间探索元宇宙

人是构建元宇宙的主体，元宇宙作为一个完整的生态也会具有错综复杂的社会关系，因此，社交是元宇宙的主要驱动力。当前，VR 游戏越来越火爆，更多的游戏加入了社交功能，可见，从社交领域入局元宇宙已成趋势。

6.2.1 虚拟沉浸式社交是元宇宙的发展方向

元宇宙的发展和实现将会形成一个新的社交形态——虚拟沉浸式社交,这也成了很多企业入局元宇宙的方向。当前,很多社交产品都在借助 VR 技术,向着沉浸式体验发力,但真正的元宇宙社交提供给用户的不仅是技术方面的沉浸感,还有内容体验方面的沉浸感。那么,元宇宙社交需要具备哪些元素呢?如图 6-4 所示。

- 01 沉浸式互动
- 02 个性化内容
- 03 多元化的创作者

图 6-4 元宇宙社交需要具备的元素

1. 沉浸式互动

元宇宙社交能够提供给用户沉浸式的互动体验。在元宇宙中,用户不再通过当前社交平台中传统的文字、图片等形式进行互动,而是可以进行实时的面对面交互,通过语言、动作等互动。同时,随着元宇宙的发展,各种活动场所,如游乐场、商业区等都会在元宇宙中出现,用户可以在其中轻松进行各种有趣的互动。

2. 个性化内容

个性化内容是社交的重要标签。个性化内容能够体现出用户的爱好,并以此聚集具有相同爱好的用户,元宇宙中的社交会更加个性化。用户的个性化形象、房屋的装修风格、收藏的数字音乐等都可以展示用户的个性。依据这些个性化元素,用户可以搭建更垂直的社交社区，轻松找到和自己志同道合的伙伴。

3. 多元化的创作者

在元宇宙中，基于场景化的虚拟社交，将诞生多样的内容创作者，如捏脸师、装修达人等。创作者能够通过新的经济模式获得多种收益，而在这些创作者的帮助下，用户也能够拥有新奇有趣、高度个性化的社交资产。

2021年11月初，虚拟社交元宇宙产品"虹宇宙"（Honnverse）上线，其在虚拟沉浸式社交方面做出了探索，并基于以上三个元素做出了尝试。

在沉浸式互动方面，虹宇宙用一种3D、自定义的手段，将语音、视频等融入社交场景，使得用户的社交趋近真实。虽然当前很多场景还未搭建完毕，但虹宇宙官方透露，未来，俱乐部、商业区等现实生活中常见的场景都将在虹宇宙中实现，其将为用户提供更多的社交场景。同时，用户也可以将自己的房屋作为社交场所，举办虚拟音乐会、展览等。

在个性化内容方面，虹宇宙支持用户个性化定制自身形象、装饰房屋等。同时，用户收藏的数字音乐、数字艺术品等都可以向其他用户展示，以便聚集兴趣爱好相同的伙伴。

在多元化的创作者方面，虹宇宙支持用户自由创作内容，并为内容的曝光、互动等提供了多样玩法。同时，在去中心化社交模式下，创作者的社交资产将会得到充分、安全的保障。

虹宇宙并不是十分完善的元宇宙社交产品，但其当前的这种尝试体现出了其对于元宇宙社交的期待和向往。社交不是元宇宙唯一的应用场景，但会为元宇宙落地提供肥沃的土壤。

未来，随着更完备、更成熟的元宇宙社交产品的出现和融合，将会形成更加真实、与现实结合更加紧密的元宇宙社交生态。科幻美剧《上载人生》就对未来的元宇宙社交进行了描绘，展现了超强的社交想象力。在剧中，元宇宙中的人不仅可以和同在元宇宙中的其他人社交，还能通过全息投影的方式和现实世界中的人社交。同时，元宇宙中形成了完善的经济体系，人们在元宇宙中创造的财富也会和现实世界中的财富绑定，甚至元宇宙内部形成了和现实社会相似的社会阶层。

这部美剧对于元宇宙的想象揭示了元宇宙社交的发展趋势。未来，元宇宙社交并不单纯是线上的虚拟沉浸式社交，还会从虚拟走向现实，最终形成虚拟社交关系与现实社交关系相融合的、更为复杂的元宇宙社交。

6.2.2 虚拟社交圈粉无数，提供多样社交新玩法

在元宇宙火爆的趋势下，一些 VR 社交应用站上风口，重新获得了资本的青睐。2021 年 6 月，VR 社交平台 VRChat 获得了 8000 万美元的 D 轮融资，其将利用这笔融资扩充团队、优化平台服务，为更多用户提供元宇宙社交体验。

VRChat 为用户打造了一个虚拟社交空间，用户可以自行创建虚拟形象和聊天室，和来自世界各地的其他用户聊天、上课、玩游戏等。甚至借助全身追踪设备，用户还可以在虚拟世界中斗舞，如图 6-5 所示。

图 6-5 用户在 VRChat 中斗舞

作为一款深受用户喜爱的 VR 社交应用，VRChat 常年占据 Steam 和 Oculus Rift 商店榜首，同时在线人数突破 2.4 万人。VRChat 为什么会如此火爆？主要原因在于 VRChat 沉浸式的虚拟社交场景为用户提供了多样、新奇的虚拟社交体验。

卡通形象的虚拟化身是 VRChat 的最主要功能之一，用户可以自由创建自己的虚拟形象，甚至在虚拟世界中扮演自己的虚拟偶像。同时，用户可以以此虚拟化身和其他人进行互动，甚至可以触碰其他的虚拟化身。

虚拟空间打破了现实中的地域限制，在这里，我们可以遇到来自各个国家的人，和他们交流、玩游戏。同时，VRChat 中的不同场景都有相应的标签，如中文吧、英语角等，用户可以自由选择自己想要进入的场景。

作为众多年轻用户的聚集地，VRChat 中有许许多多有趣的灵魂。有特别喜欢聊天的话痨、喜欢发呆的透明玩家、喜欢在虚拟世界中看动漫的宅男，甚至有在 VRChat 中睡觉的重度玩家。这些形形色色的人构成了 VRChat 中别样的风景，形成了自由开放的社区氛围。

此外，VRChat 具有和元宇宙相似的延展性，支持用户自定义游戏和虚拟世界。用户可以根据自己的虚拟身份创建新的虚拟世界，并向其他用户开放。这意味着，VRChat 的用户可以不断探索新事物。

基于虚拟身份和创作上的自由性、社交体验的多样性和沉浸感，VRChat 圈粉无数，并在用户的共创中产生了多样的社交玩法。由此看来，VRChat 已经搭建了元宇宙社交生态的雏形，未来在更多用户的创作下，VRChat 也将获得更好的发展。

6.2.3 Meta 推出 VR 社交平台，加深探索

提到元宇宙社交，就不得不提在这一领域动作不断的 Meta。自更名之后，Meta 全力发力元宇宙，除了在硬件方面的布局，在元宇宙社交应用方面，Meta 也推出了自己的 VR 社交平台 Horizon Worlds，深化了其在元宇宙领域的布局。扎克伯格曾表示，Horizon Worlds 将在构建更广泛的跨越 VR/AR 的元宇宙方面发挥重要作用。

在 Horizon Worlds 中，用户在创建自己的虚拟化身后，就可以通过传送门前往各个虚拟场景，和其他用户体验多样的游戏，参加以绘画、高尔夫等为主题的聚会。除了体验不同的场景，用

户也可以创建自己的世界。Horizon Worlds 为用户提供了多样的创作工具，用户可以借助这些工具和其他用户合作共创并分享创建进度。

依托先进的 VR 技术，Horizon Worlds 能够识别用户的表情和手势，使虚拟化身的表情、动作更加自然，带给用户更强的沉浸感。同时，为了强化社交功能，Horizon Worlds 推出了发现附近好友、申请加好友等社交功能，便于用户在虚拟世界中交朋友。

搭建元宇宙需要大量的内容作为支撑，对于元宇宙社交来说同样如此。为了刺激 Horizon Worlds 中的内容创作，2021 年 10 月，Meta 宣布将推出 1000 万美元的创作者基金，鼓励用户创作内容。

为了丰富 Horizon Worlds 中的内容，Meta 制订了相关的创作激励计划、资金奖励机制。并且，Meta 表示将在未来举办一系列创作比赛，丰富 Horizon Worlds 的世界。当前，Horizon Worlds 已经实施了创作者激励计划，帮助用户学习使用该平台的创作工具并在虚拟世界中进行创作。在第一阶段的激励项目结束后，参与该项目的创作者已经在数百个虚拟世界完成了创作。

此外，Horizon Worlds 还不断对平台上的工具进行升级和简化，便于用户创作。自 Horizon Worlds 推出至今，其创作内容的过程变得越来越简单、快速，用户规模也不断扩大。

Meta 在社交元宇宙方面的探索很好地发挥了其 VR 技术和用户优势。Horizon Worlds 在继承 Meta 优良社交基因的基础上，也会不断加快进入元宇宙的脚步。

第7章

虚拟数字人：向元宇宙"迁徙"的数字人类

在小说《雪崩》中，有一个概念伴随元宇宙诞生，那就是"虚拟化身"。要想进入元宇宙，人们就需要借助虚拟化身，而这个虚拟化身就是虚拟数字人。事实上，伴随着元宇宙的火热，虚拟数字人也得到了广泛关注，并已经以虚拟偶像、虚拟员工等身份出现在娱乐、金融、教育等行业中。当前，虚拟数字人与现实世界的联系越来越紧密，而在未来，虚拟数字人将作为我们的虚拟化身徜徉在元宇宙中。

7.1 虚拟数字人是元宇宙中的原住民

人们需要以虚拟数字人的身份存在于元宇宙中,虚拟数字人就是元宇宙中的原住民。从二次元到超写实,虚拟数字人技术逐渐走向成熟,并带给人们更多的真实感。

7.1.1 虚拟数字人是数字化表现的"人"

2021年8月,科幻巨制《失控玩家》一上映就火爆异常,自上映以来连续5天荣登单日票房榜首。逼真的人物形象、在游戏与现实中自由穿梭、曲折有趣的故事情节等种种元素相融合,让观众大呼精彩的同时又回味无穷。

除去电影本身,《失控玩家》火热的原因还在于其展示了一种关于元宇宙的想象。《失控玩家》中的元宇宙,不仅有人的虚拟化身,还有自由生长的NPC。这些虚拟数字人是电影中"自由城"的原住民,也是元宇宙的原住民。

自从元宇宙的概念火爆之后,与其相关的虚拟数字人概念也频频出现。例如,2021年10月,联通在线沃音乐推出了虚拟数字人安未希(如图7-1所示),获得了广泛关注。

图 7-1 虚拟数字人安未希

安未希搭载了虚拟数字人创作系统，融合了 AI 表演动画技术、实时动作捕捉技术等，能够进行创作和表演，展示多样化的内容。虚拟数字人在吸引人们目光的同时，也引发了许多思考。

那么，什么是虚拟数字人？虚拟数字人指的是具有数字化外形的虚拟人，其通常具有三个特征，如图 7-2 所示。

人的外观
具有特定的外貌、性别、性格等

人的行为
可以用语言、表情、动作等进行表达

人的思维
可以识别环境、与人互动等

图 7-2 虚拟数字人的特征

总之，虚拟数字人是一种数字化表现的"人"，是通过数字化技术打造出的具有虚拟形态的虚拟人。借助 CG（Computer Graphics，电脑绘图）、动作捕捉等技术可以打造真实人类的"数字孪生兄弟"。同时，AI 能够赋予虚拟数字人思考能力和学习能力，使其表情、动作自然，并能够根据接收到的语言、动作反馈及时做出反应。

虚拟数字人是人们进入元宇宙的通行证。借助虚拟数字人技术，我们不仅有了进入元宇宙的虚拟化身，还可以自由改变虚拟形象、性别等，以全新的身份在元宇宙中体验不一样的人生。

7.1.2　从二次元到超写实，虚拟数字人走向现实

提到虚拟数字人，很多人都会想到初音未来、洛天依等虚拟偶像。的确，在虚拟数字人还未广泛出现在大众眼前时，虚拟偶像是虚拟数字人主流的表现方式。

日本推出的虚拟偶像初音未来自诞生之时就深受粉丝喜爱，这让虚拟数字人进入了更多人的视野中。初音未来是二次元风格的少女形象，如图7-3所示。

图7-3　初音未来

这个梳着绿色双马尾、身着公式服的虚拟形象是基于 VOCALOID（电子音乐制作语音合成软件）存在的。其将声优的声音录进音源库，创作者只需要输入歌词和旋律，就能够借初音未来的声音形成歌曲。换句话说，初音未来本身并不具备创作能力，其歌曲是粉丝创作的。

之后很长一段时间内，随着虚拟数字人技术的发展，3D 建模、AI 深度学习、情绪识别等多种技术开始应用于虚拟数字人的制作，并由此产生了更加智能的 AI 虚拟数字人。

2021 年 9 月，清华大学以一段短视频推出了原创虚拟学生华智冰，如图 7-4 所示。

图 7-4　虚拟学生华智冰

在视频中，华智冰时而漫步于校园的街道、博物馆，时而在草坪边认真阅读，行为举止酷似真人。网友也大受震撼，纷纷在评论区留言"好真实啊""这真的不是真人吗"。除了外表酷似真人，华智冰的智商也非常高。她可以思考，可以和人们交流互动，甚至可以和人们一起玩剧本杀。

华智冰的智能性源于其配备的智能模型"悟道2.0"，它可以在上万个CPU（Central Processing Unit，中央处理器）上对海量数据进行人工智能预训练，提供强大的智力支持。在它的支持下，华智冰能够像真人一样思考。同时，在持续的思维训练中，华智冰会变得越来越智能，可以学习精深的计算机知识，甚至进行相关创作。

当前，华智冰已经作为清华大学的学生开启了研究生生涯。未来，学业有成之后，华智冰或许可以和真人一样进行科学研究，成为一名出色的科研人员。

华智冰的出现显示了虚拟数字人从二次元到超写实的一种进步，虚拟数字人不再只是以二次元形象存在于虚拟世界中，而是可以以超写实的形象出现在现实世界，可以和人们共同生活和工作。虚拟数字人技术在不断发展中打破了次元壁，让虚拟数字人从二次元走进了现实世界。

未来，随着虚拟数字人技术的进步和应用，将会有更多超写实的虚拟数字人进入现实世界。他们可能是新一代的虚拟偶像，也可能是我们的同学、同事。虚拟数字人与现实世界的融合，将会形成一个亦真亦幻的奇妙世界。

7.2 虚拟数字人融入现实世界已是常态

当我们打开电视时，可能会看到虚拟偶像登台演出；当我们去银行办理业务时，为我们服务的可能是虚拟员工；当我们在观看购物直播时，直播中的主播也可能是虚拟主播。当前，虚拟数字人已经以多种身份渗透多个领域，广泛地融入了我们的生活。

7.2.1 虚拟偶像：破圈发展，引发市场追捧

2021年7月，BML-VR（bilibili推出的全息演唱会品牌）2021顺利举行，bilibili的当家花旦洛天依闪亮登场，演唱了《万分之一的光》《香草茶与黑咖啡》等歌曲，引发了万千观众的欢呼，如图7-5所示。

图7-5 洛天依登台献唱

在演唱会现场，观众随着音乐挥舞着荧光棒，为台上的偶像欢呼，而人们所追逐的偶像，就是舞台中那道"缥缈"的全息影像。作为我国知名的虚拟偶像，洛天依早已大火出圈，受众也不只局限于二次元用户。洛天依曾与京剧名家合作演绎《但愿人长久》，与琵琶大师合作演出歌曲《茉莉花》，与当红明星合作表演歌舞《听我说》等。此外，洛天依还成了多家品牌的代言人，并走进了品牌带货的直播间。

除了洛天依等老牌虚拟偶像不断破圈，新兴的虚拟偶像也不断涌现，得到了更多关注。2021年10月31日万圣夜，一个新的虚拟数字人横空出世，凭借一条短视频，在一天内吸引了超过百万名粉丝，她就是柳夜熙，如图7-6所示。

图7-6　柳夜熙

2分多钟的短片情境十足，将柳夜熙的性格、人设，以及捉妖世界观充分表现了出来。故事一开始，正在化妆的柳夜熙吸引了围观的人群，在众人的议论纷纷中，只有一个大胆的小男孩勇敢地走上前询问柳夜熙是谁，而突然出现的鬼怪将故事拉向了高潮，随后柳夜熙猛然出手，将鬼怪收服后淡然回眸："我叫柳夜熙。"

整个故事不仅剧情完整，还突出了柳夜熙淡然的性格和捉妖的能力。从造型到人设，柳夜熙都与当下流行的二次元虚拟偶像及时尚的虚拟网红大相径庭。她的出现展示了虚拟数字人的另一种可能，也展示出了更强的破圈能力。

首先，虽然市场中已经出现了不少超写实的虚拟数字人，但其展示方式仍以静态图片为主，即使有一些动态视频，虚拟数字人的表情也并不丰富。在这方面，柳夜熙有了很大突破：其宣传短片设计、打造了一个人与鬼怪并存的玄幻虚拟世界，柳夜熙生动鲜活地生存于这个世界中。这样丰富的人物塑造展现了柳夜熙的潜力。

其次，故事性极强的短片不只是柳夜熙的亮相短片，也能够作为可以无限发展的系列故事剧集的开始。这使得柳夜熙可以跨越两个领域：虚拟数字人领域和短剧故事领域。而短剧故事又迎合了抖音、快手等短视频平台的发展，未来，在更多、更精妙的短剧故事的支持下，柳夜熙将在短视频平台获得更大的曝光量。

最后，从盈利的角度来说，为虚拟数字人设定一种盈利模式是十分重要的。而柳夜熙在产生之时就已经锁定了一个赛道：以美妆达人征战美妆领域。这意味着柳夜熙有十分鲜明的商业化赛道准备及稳定的发展方向。

正是因为实现了以上几个方面的突破,柳夜熙才更容易破圈,一时间吸粉无数。而这也意味着虚拟数字人步入了"人设+故事+产业"的新里程。

7.2.2 虚拟员工:融入多领域,提供多元服务

在数字化发展的大趋势下,很多企业为了推动数字化转型,纷纷将虚拟数字人作为虚拟员工引入工作场景中,为客户提供多样的智能服务。

虚拟员工可以在多样的场景中完成各种工作。例如,在大型商场、酒店中,虚拟员工可以提供咨询和指引服务;在银行、政务大厅中,虚拟员工可以协助客户办理各种业务。此前由人工完成的多种工作,都可以交给虚拟员工,在降低人工成本的同时也能够提高工作效率。

虚拟员工的应用并不是一种想象,当前,很多虚拟员工已经正式上岗了。浦发银行和百度联手推出了我国首个银行虚拟员工小浦,如图7-7所示。

小浦无疑是一名出色的员工。她可以自然地和客户聊天、了解客户需求、对客户进行风险评估,并有针对性地向其推荐理财产品。依托AI技术,小浦学习了大量的金融知识,能够在工作中展现出强大的智能性和专业性。

除了高效地完成日常工作,虚拟员工还可以变成虚拟偶像,

为自己的企业代言。例如,屈臣氏推出了一位虚拟员工屈晨曦,并宣布其为自身品牌的代言人,如图 7-8 所示。

图 7-7　虚拟员工小浦

图 7-8　屈晨曦

作为一名出色的虚拟员工，屈晨曦能够和人们聊天，为人们提供专业、个性化的咨询建议。同时，屈晨曦积极切入直播带货赛道，携手薇娅等头部主播，通过直播一次次地引爆了产品销量。对于屈晨曦未来的发展，屈臣氏表示其会长久地处于成长学习的阶段，未来，屈晨曦如何发展将由粉丝决定的。由此可以看出，屈臣氏将屈晨曦设定成一位"养成型"的虚拟偶像，其会基于粉丝的需求进化、成长。

总之，虚拟员工不仅是工作小能手，还可以成为企业的代言人，成为虚拟偶像。以虚拟数字人作为企业代言人，能够展现年轻化的企业形象，更容易获得年轻群体的青睐。

7.2.3 虚拟主播：短视频、直播带货样样精通

在电商领域，频繁出现的虚拟数字人有了一种新的身份——虚拟主播。淘宝直播曾进行了多场有虚拟偶像参与的带货直播。虚拟偶像洛天依与"淘宝一哥"李佳琦携手直播的消息甚至一度登上微博热搜，虚拟主播带货成了当下的营销关键词。虚拟主播的流量和带货能力完全不输真人主播，在很大程度上丰富了电商直播内容。

虚拟数字人出现在电商领域体现了电商直播对主播的新需求。在直播带货领域激烈的竞争中，虚拟主播更能聚焦消费能力强劲、追求新体验的年轻消费群体。此外，相比真人主播，虚拟主播更具稳定性和持续性，能够实现全天候直播。

当前，很多主播都在孵化自有虚拟主播。自然堂、完美日记

等品牌都推出了自己的虚拟主播，为了让其形象更加真实，这些品牌还设定了虚拟主播的名字、性格等。

完美日记推出了一个活泼可爱的虚拟主播 Stella，她会在真人主播下班后上岗，肩负起夜晚直播的重任。当有新的观众进入直播间时，Stella 会愉快地和观众打招呼："欢迎宝宝，新来的宝宝帮我点个关注哦。"而在直播中，Stella 也显得十分专业，她会详细介绍店铺的产品，以及产品的质地、价格等，同时还会提醒观众领取优惠券、购物津贴等。

为什么众多企业开始青睐虚拟主播？很多潮牌的受众都是年轻用户，他们对虚拟主播有较高的认同度，同时夜间也是诸多"熬夜党"高度活跃的时间段。虚拟主播能够发挥其不间断直播的优势，在真人主播下班后继续直播，以吸引活跃于夜间的消费者。

在越来越多虚拟偶像走进直播间，越来越多企业推出虚拟主播的情况下，虚拟数字人将会被更广泛地应用于电商领域。虚拟主播拥有自身的直播优势，能够弥补真人直播的不足，实现企业的全天候直播。从这些优势和趋势来看，虚拟主播将在未来得到进一步的发展。

7.3 聚集目光，众企业不断加码

当下，虚拟数字人在元宇宙的爆发中快速发展，引得众企业纷纷布局。百度、网易、爱奇艺等纷纷涌入虚拟数字人赛道，瞄准虚拟数字人这一细分领域，向元宇宙进发。

7.3.1 百度：依托 AI 实力，推出 AI 虚拟主持人

"大家好，我是虚拟主持人晓央。今天为大家请来了参与三星堆遗址挖掘的青年考古工作者，一起去听他们说说三星堆的那些故事。"2021 年 5 月 4 日，在中央广播电视台 2021 年五四青年节特别节目中，虚拟主持人晓央惊艳亮相，完成了一场精彩的主持，如图 7-9 所示。

图 7-9　虚拟主持人晓央

晓央来自百度，是百度智能云平台推出的虚拟主持人。在主持的过程中，晓央语言流畅、动作自然，主持水平不输真人。晓央的出色表现体现了百度智能云的 AI 优势。

在形象方面，百度智能云采用了影视级的 3D 制作技术，使虚拟数字人更加真实和美观。在此基础上，百度智能云团队基于对大量面部特征、表情、体态的研究，总结出了不同虚拟数字人的人设和形象规范，能够针对不同的客户需求有针对性地设计虚

拟数字人。

在行为方面，百度智能云借助 AI 技术进行了长期的人像驱动绑定调整，实现了精准的面部预测，提升了虚拟数字人口型生成的准确度，使虚拟数字人表情更生动、动作更自然。

在应用场景方面，百度智能云推出的虚拟数字人支持文本驱动、语音驱动、真人驱动等，大大降低了虚拟数字人的使用门槛和成本。这使虚拟数字人能够在金融、传媒等行业实现更广泛的应用。

2021 年年初，百度研究院基于对未来的科技预测，表示虚拟数字人将大量出现并在更多方面服务于我们的生活。百度智能云也推出了虚拟数字人运营平台，将结合其 AI 能力，为客户提供低成本、高质量的虚拟数字人内容生产服务，帮助更多企业建立、运营自己的虚拟代言人。

7.3.2 网易：聚焦游戏和教育，探索更多应用场景

在游戏中，NPC 是触发游戏剧情的重要道具，当玩家以自身虚拟化身触碰 NPC 时，就会触发游戏接下来的剧情。为了丰富玩家体验，很多游戏都会设置大量的 NPC，但这些 NPC 并不具备智能性。例如，当玩家每天都和一个 NPC 打招呼时，对方可能每天都会说同样的话。

这种僵硬的设置并不能满足玩家对游戏的更高要求，他们希望 NPC 能像游戏中的朋友一样，有鲜明的个性，同时能够和玩家进行个性化、更自然的互动。

针对这一需求，网易伏羲实验室在《倩女幽魂》手游中推出了具备 AI 能力的虚拟角色阿初，如图 7-10 所示。

阿初基于 AI 产生行为并与玩家对话，能够随时和玩家互动，举止更加自然、灵活。在和玩家交流的过程中，阿初会根据对话内容自然地变换表情和动作，带给玩家更强的真实感。同时，阿初还可以模拟人的认知能力，能够和玩家进行情感交互，回应玩家的情感。

图 7-10　虚拟角色阿初

阿初是网易伏羲实验室的代表作。网易伏羲实验室借助 3D 建模、表情和动作迁移等技术，推出了完整的虚拟数字人打造方案。除了将虚拟数字人引入游戏，网易伏羲实验室还在教育方面进行了探索，推出了虚拟学伴可可，如图 7-11 所示。

除了在线上陪伴学生学习，可可还成功走到了线下，创新了虚拟数字人在教育领域的应用。2021 年 2 月，可可在 2021 年世界移动通信大会上亮相，观众借助智能设备能够和可可面对面交流。同时，网易伏羲实验室围绕我国的各种传统节日推出了"可可小课堂"，观众可以在和可可的互动中了解有关节日的小知识。可可不仅是学生学习的好伙伴，还可以进行科普教学。

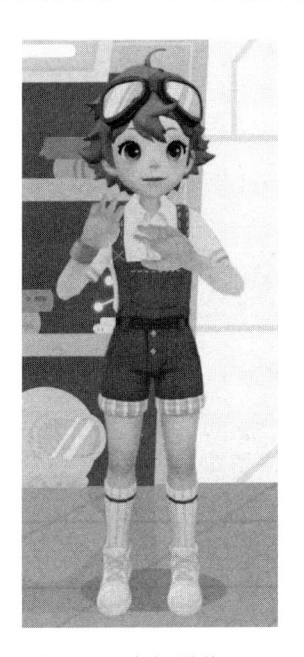

图 7-11　虚拟学伴可可

网易伏羲实验室对于虚拟数字人的探索让我们看到了其应用的更多可能。或许未来某一天，我们可以在虚拟世界里和虚拟数字人交朋友，或者在更专业的虚拟老师的指导下学习。甚至，当元宇宙进一步成熟，可以展示更丰富的虚拟场景、产生更智能的虚拟数字人时，我们可以在虚拟老师的带领下"穿越"到消失的庞贝古城中，探索历史的奥秘；飞跃到遥远的太空中，领略宇宙的浩瀚。在元宇宙和虚拟数字人的发展下，一切皆有可能。

7.3.3 爱奇艺：聚焦娱乐，推出虚拟乐队 RICH BOOM

2021 年 4 月，蒙牛随变冰激凌公布了其新的代言人——虚拟乐队 RICH BOOM，如图 7-12 所示。这个陪伴 90 后成长的美食，将以这个极具个性的虚拟乐队展示自己的态度和青春活力。

RICH BOOM 是爱奇艺推出的原创虚拟乐队，包括主唱 K-ONE、吉他手兼 Rapper（说唱歌手）胖虎、女鼓手 RAINBOW、小个子贝斯手 PAPA、DJ 机器人 P-2 和音乐制作人 Producer C。

图 7-12　RICH BOOM

聚焦娱乐领域推出虚拟乐队展现了爱奇艺在娱乐领域的优势。凭借强大的内容资源，爱奇艺迅速提升了 RICH BOOM 的曝光率。在"爱奇艺尖叫之夜"舞台上，RICH BOOM 以全息影像惊艳亮相，给观众带来了别样的视听惊喜。此后，RICH BOOM 开始在爱奇艺各大自制节目中串场，登上了《乐队的夏天》《中国新说唱》等多个节目。在不断曝光和演出中，RICH BOOM 积累了大量粉丝，逐渐成长为更具商业价值的虚拟偶像团体。

RICH BOOM 也为爱奇艺带来了可观的回报，其可以像真人明星一样拍摄杂志封面、联动服装品牌，为农夫山泉、蒙牛等品牌代言，为电视剧、综艺节目等演唱主题曲。几乎所有能够在真人明星上实现的变现途径，都可以在 RICH BOOM 中复刻。

同时，相比真人明星而言，RICH BOOM 避免了人设翻车的风险，同时在确定了最初的人设后，RICH BOOM 也可以在今后的成长中不断丰富、细化人设，形成更具拟人化的个性表达。RICH BOOM 能够承载粉丝的美好信念，与粉丝进行情感交互，从而形成稳固、安全的信任关系，这在粉丝经济时代是十分重要的。

爱奇艺布局 RICH BOOM 并不只是着眼于将其打造为虚拟偶像团体，而是希望在不断宣传、推广中形成稳固的 IP。围绕 RICH BOOM 这一 IP，爱奇艺不仅会推出优质的音乐，还将推出 IP 衍生的动画、游戏和周边产品等，实现 IP 价值的最大化，并进行变现。

在虚拟数字人的布局方面，爱奇艺已经打通了虚拟数字人制作、营销、变现的全流程，而 RICH BOOM 的成功运营也彰显了爱奇艺在虚拟数字人打造、运营方面的能力。在这一趋势的引领下，未来可能会出现更多的原创虚拟偶像，娱乐行业也将大放异彩。

03

展望篇

第 8 章

融合交互：元宇宙与现实世界的碰撞

元宇宙是脱胎于现实世界的虚拟世界，与现实世界相互影响。随着技术的发展，元宇宙与现实世界的边界将更加模糊。如今，在我们的生活中，信息化商品随处可见，如车站的广告牌、用手机购买的电子票、外卖等，这些生活场景的改变表明，元宇宙与现实世界在不断碰撞，拓展着人们的认知边界。相信在不久的将来，元宇宙会成为与现实世界一样甚至更完善的平行宇宙，那时，人们除了吃饭、睡觉，可以在元宇宙中做任何事。

8.1 多平台向统一平台演进

目前许多大型互联网公司,如微软、腾讯、字节跳动等都在布局元宇宙相关产业。例如,腾讯提出"全真互联网"的概念并投资了 Roblox 的项目,字节跳动投资了代码乾坤,微软研发了 AR/VR 硬件设备等。

然而,这些公司目前仅停留在独立探索的阶段,我们并不能真正将这些项目称为元宇宙。随着 AI、物联网等创新技术的发展,这些独立的虚拟平台会逐渐走向统一,在一定机制下实现互联互通。人们可以在一个平台上使用各个公司的服务,而这个统一平台才是真正的元宇宙。

8.1.1 元宇宙与现实世界高度互通

2020 年,疫情给社会的发展带来了巨大冲击。在现实世界中,受到疫情的影响,人们出行不便,虚拟世界由此得到了发展。线上办公、无接触配送、无人超市等走进了人们的视野,一些人们认为必须在现实世界才能进行的工作,被轻而易举地搬到了线上。这也让人们意识到,生活的数字化进程正在加快,元宇宙与现实世界会逐渐高度互通。

过去的几十年,虚拟内容不断革新呈现方式,与现实世界的结合也更加密切。例如,《魔兽世界》等网游构建的 3D 虚拟世界,《精灵宝可梦》AR 模式中虚拟与现实相结合的游戏方式,《动物之森》的虚拟社交,初音未来等虚拟人物的线下演唱会等。

越来越多的现实场景被数字化,且随着 3D 引擎、UGC 工具、虚拟人、成像与动作捕捉等技术的发展,线下场景数字化趋势将更加明显,元宇宙也将初见雏形。受到疫情的影响,加利福尼亚大学伯克利分校将毕业典礼搬到了《我的世界》,100 多名学生、校友在游戏中复制了整个校园,搭建了 100 多栋建筑物。这个虚拟的毕业典礼并没有偷工减料,完整包含了校长致辞、学位授予、抛礼帽等现实世界毕业典礼的环节,如图 8-1 所示。

图 8-1 加利福尼亚大学伯克利分校的虚拟毕业典礼

除了娱乐和社交领域,元宇宙在制造和工业领域也得到了应用和发展。截至 2021 年上半年,我国建成的 5G+工业互联网项目接近 1600 个,覆盖 20 余个重要行业,且 5G+工业互联网正在从钢铁、港口、航空等行业向制造业全行业延伸。

宝马和英伟达合作打造了数字工厂,利用数字孪生技术,把数字工厂中的软件和 AI 应用到真实的工厂中，提高了规划、组装、整车制造等阶段的工作效率，甚至可以做到每 56 秒生产一辆汽车。

2020 年年底，马化腾曾说过："全真互联网是腾讯下一个必须打赢的战役。"此外，许多国内外科技巨头都在瞄准元宇宙，可见元宇宙确实大有可为。未来，元宇宙会将虚拟世界与现实世界彻底打通，人们的生活将出现颠覆性改变。也许在不久的将来，科幻电影中的许多桥段都会成为现实。

8.1.2 逐步发展，多平台演变为统一平台

人们认为，游戏行业最有可能实现元宇宙，因为游戏本身构建起的虚拟场景及玩家的虚拟身份给元宇宙的发展提供了肥沃的土壤。如今，许多游戏也在不断拓展新功能，这些功能不再仅限于游戏世界，而是"打破次元"，承担了其他场景的工作。全球顶级 AI 学术会议 ACAI（International Conference on Algorithms, Computing and Artificial Intelligence，算法、计算和人工智能国际会议），曾把 2020 年的研讨会举办地设在《动物之森》这款游戏中。在会议开始前，所有参会者飞到主持人所在的小岛上，进入主持人的房屋进行演讲准备。场地位于主持人房屋的地下室，会场已经提前布置好了椅子、讲台和笔记本电脑，演讲者可以依次发言，如图 8-2 所示。

除了学术会议，很多人也把线下聚会搬到了游戏中，一些家长在《我的世界》中为孩子举办了生日派对，一些玩家会在《动

物之森》中钓鱼、抓蝴蝶，串门也成了很多人的日常社交活动，游戏和生活的边界正在渐渐模糊。

图 8-2　ACAI 虚拟会议现场

根据 Pulsar 分析，元宇宙由虚拟世界、电子商务、去中心化技术、社交媒体四部分构成。未来，元宇宙将会经历两个阶段：第一阶段，一些科技公司先做出自己的虚拟平台，这些平台会独立存在；第二阶段，随着技术的发展，彼此独立的虚拟平台将被一套系统串联起来，组成一个统一的平台，真正的元宇宙也就出现了。

8.2　虚拟世界与现实世界的界限更加模糊

5G 的出现给许多创新技术的发展按下了"加速键"，其中更流畅的网络环境极大地增加了 VR 的真实感，而在 VR 逐渐普及的过程中，虚拟世界与现实世界的界限也将越来越模糊。

8.2.1 虚拟服务多样化，开启智能生活

从一维、二维技术发展到现在的三维技术，生活中的三维图像越来越真实。近些年拍摄的 3D 电影令人震撼，一些 3D 游戏让人产生身临其境的感觉。互联网一直在向更高的层次发展，人们坚信，未来不止于此，预测分析、AI 等技术会逐渐与可视化结合在一起，呈现出更加多样化的元宇宙，如图 8-3 所示。

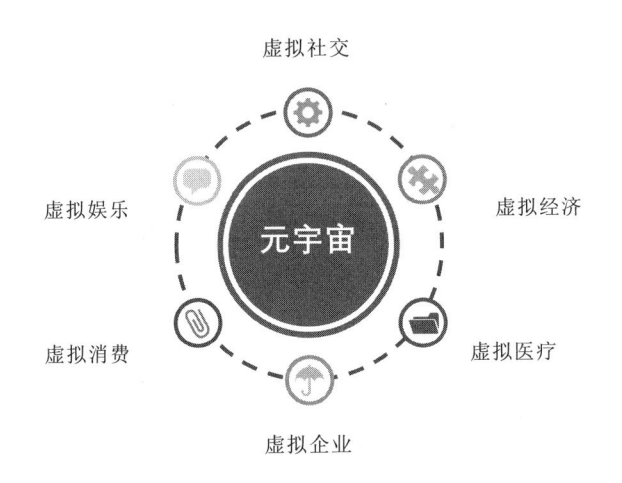

图 8-3 未来多样化的元宇宙

元宇宙将会完美融合开放性与封闭性，未来头部平台可能存在，但不会一家独大，就像 iOS 和安卓可以共存一样，这种平衡可能是自愿追求的，也可能是政府强制要求的。因此，未来的元宇宙极有可能是一个开放与封闭共存的体系，大平台与小平台相互嵌套，小平台有机会膨胀，大平台有机会整合小平台，不同风格、不同领域的平台将组成更大的平台。人们的生活方式、生产

模式、组织形式等会因此被重构。这个新出现的虚拟世界会成为第二个超级市场,除了一些早早入局的巨头公司,新的创业公司也将在细分领域不断涌现。

在这样的发展趋势下,元宇宙会逐渐赋能所有行业,人们能享受到越来越多的虚拟服务,开启智能生活,如表8-1所示。

表8-1 社会各个领域的元宇宙化

游戏	游戏制作和发布环境虚拟化	金融	金融产品多元化,如NFT的应用
会展	虚拟会展布置、虚拟会议组织等	教育	VR/AR/MR等技术的全面应用,教具更加丰富
商业服务	通过虚拟中介进行房屋交易	零售	在虚拟商场进行消费
体育	虚实共生的健身活动	广告	在元宇宙中制作、发布、代理广告
娱乐	在虚拟场景和朋友互动、唱歌等	旅游	在虚拟世界体验旅游活动

在社会各个领域的元宇宙化中,经济体系、沉浸感、社交关系将发生改变。以前只能在现实世界中享受的服务,在虚拟世界中也能享受了。

一方面,元宇宙赋能现实世界的多个领域,将现有商业模式进行虚拟化创新,推动产业升级,利用新技术开发出新商业模式、新客户和新市场。例如,利用区块链技术打破原有的身份区隔,建立新的经济系统。

另一方面,现实世界的各个领域与元宇宙融合发展,将会释放新的活力。一些发展遭遇瓶颈、缺乏资源、周期性明显、轻资产的行业可能会找到新的发展路径,再次走入大众视野,解除生存危机。

8.2.2 由实到虚+从虚到实,为用户提供更优质的体验

斯蒂芬森的科幻小说《雪崩》,曾描述了人类通过数字化身在一个虚拟空间生活的场景,并将这种超脱现实世界独立运行的虚拟空间称为元宇宙。曾经那些只存在于科幻小说的情节,如今已有部分照进了现实。

现在的元宇宙被定义为在传统网络世界的基础上,伴随多种数字技术,构建的既映射于现实世界又独立于现实世界的虚拟世界。元宇宙并不是一个简单的虚拟空间,而是一个永续的、覆盖面广的虚拟现实系统。系统中既有源于现实世界的数字化产物,又有完全来自虚拟世界的产物。也就是说,用户可以在另一个世界活出另一个自己。

基于元宇宙强沉浸感的特征,VR/AR设备成为实现元宇宙的必备硬件。影创科技董事长孙立说过:"VR/AR是通往元宇宙的关键接口,VR/AR与元宇宙的关系就如同手机之于互联网。"可见,要想真正打通虚拟世界与现实世界,让现实世界的场景在虚拟世界中呈现,让虚拟世界的场景在现实世界中呈现,都需要升级硬件设备。

现阶段,VR设备仅在游戏领域得到广泛应用。如果融合VR与AR,就能催生许多新的应用场景,可以让VR/AR设备真正成为生产力工具,应用于生活、工作中的各个领域。

湖南一家从事有色金属压延加工的钢厂受疫情的影响，远在德国和奥地利的技术人员无法在现场进行技术指导。于是，该钢厂运用"VR+5G"进行跨国远程指导，完成了装配任务。随着技术的发展，这样的跨区域协作还会越来越多。

在 Connect 2021 大会上，Facebook 表示，2022 年其将推出一款短焦 VR 一体机，这个一体机将采用 Pancake 光学方案，拥有彩色透视功能。在 AR 与 VR 融合之下，Pancake VR 面世，意味着 VR 设备不再只是游戏机，而将演变为生产力工具，可以应用到办公、会议等场景，普及程度将会大大提升。这虽然是发展元宇宙较为浅显的应用方式，但为社会和公司的运作模式提供了新的可能性。

未来，公司也许不再需要办公室，员工可能来自全国，甚至全球，员工也不必聚集在某一个区域办公。产品的生产完全可以在一个虚拟的空间中完成，不再受物理位置的限制。

在 AR/VR 等技术的加持下，用户与虚拟世界的交互体验也会越来越真实。例如，利用得物的 AR 虚拟试鞋功能，用户只需挑选自己喜欢的款式，点击"AR 试穿"就可以看到鞋子上脚的效果，免去了线下试鞋的麻烦。

当前 VR 设备存在画质粗糙、体验欠佳、内容体量小、可玩度不高等问题，与满足元宇宙的需求仍有较大差距。但随着技术的优化，设备的传输精度、传输效率会越来越高，那时，也许电影《头号玩家》中的高保真元宇宙世界就能真正实现了。

8.2.3 VR一体机+机脑接口，虚拟与现实的连接不断拓展

人们都很好奇，元宇宙的终极形态究竟是什么样的？"VR一体机+机脑接口"可能是许多科幻迷给出的答案。

VR一体机是拥有独立处理器的VR设备，集成了处理器、显示器、透镜和陀螺仪，不需要外接手机，就可用来观影或玩游戏。目前6DOF交互的VR一体机几乎可以模拟所有的头部动态，摆脱了木人桩式的探索模式，开放性和沉浸感都非常强。

机脑接口是VR一体机的高阶版本，也是元宇宙未来的发展方向。《攻壳机动队》《黑客帝国》等科幻电影都曾有过关于机脑接口的设想，大脑与电脑连接，人们可以在虚拟世界中凭借自己的意识获得信息，开展社交，甚至拥有味觉、触觉等感官体验。相比只能提供视听等体验的电脑、手机等介质，脑机接口带给人们的体验将是颠覆性的。

在现阶段的一些游戏中，玩家角色的动作基本都是预设的，如攻击、跳跃等，无论玩家怎么操作，预设动作都不会改变。利用脑机接口，玩家能够用自己的意识控制游戏，实现更自由的操作。玩家可以在虚拟世界自由地活动身体的每个部位，随心所欲地进行交互，就像在现实世界中一样。

除了可以摆脱预设动作，多种感官反馈也将成为可能。现在的一些VR游戏有一个重要缺陷，那就是会给玩家带来眩晕感。这是因为我们在游戏内与物品进行交互时，由于没有物品的实体，导致视觉和触觉较为割裂。脑机接口能够实现双向传输，可以完美解决这个难题。借助脑机接口，我们在虚拟世界触摸一块石头，能感受到石头的纹路、温度、重量，这彻底打破了虚拟与现实之

间的壁垒，甚至可以让人们直接居住在虚拟世界。

然而，时至今日，人脑仍然是人类科学研究的难点之一。用户通过脑机接口用意识进行操作，如玩游戏、打字等，靠的是大脑发出的信号，只有精准识别、解析大脑信号，才能让脑机接口的设想成为现实。

分析用户在接受不同刺激时大脑发出的信号，对功能区进行定位，然后借助脑机接口解码算法，设备就能读取大脑的"想法"，用户就能借助意识在虚拟世界中完成操作。也就是说，提高解码效率是脑机研究的一大难点。

目前，埃隆·马斯克旗下的脑机接口公司 Neuralink 演示了最新一代侵入式脑机接口设备，这款设备只有一枚硬币那么大，可在30分钟内植入大脑，实现神经信息的上传、储存、下载、修改，把意念转化为数据信号。Neuralink 的设备于脑机接口领域而言，是一次重大进展，但这一次的尝试只停留在初级阶段。

要想真正实现在元宇宙中自由生活，脑机接口需要具备更多的功能，要让用户不仅能在其中打乒乓球，还要让用户能够进行创作、编程甚至更高级、更精密的操作。

科研是一项需要大量投入的持久战。随着元宇宙概念的普及，很多头部科技公司都开始研究脑机接口。

近期，公开表明发展元宇宙的 Meta 早在2017年就已开始研究脑机接口了。其旗下的 Reality labs 与加利福尼亚大学旧金山分校开展合作项目 Project Steno，计划研发一台可以通过意念打字的头戴式脑机连接设备，被外界寄予厚望。

该项目的目标是让用户以每分钟 100 个单词的速度打字，但 Project Steno 的解码速度却始终只有每分钟 12.5 个单词。2021 年，Meta 宣布停止研发头戴式脑机连接设备，将目光转向手腕式输入设备，原因是 Meta 认为手腕式输入设备能更快速地进入市场。这也是 Meta 可能转向其他元宇宙入口的信号。

除了国外的巨头，我国对脑机接口+元宇宙的探索也在持续进行。在纳斯达克上市的微美全息不久前宣布成立"全息元宇宙事业部"，以此布局元宇宙的技术研发。此外，微美全息还成立了全息科学院，致力于探索未知科技，吸引、集聚、整合全球优势力量，推进核心技术的全面创新。

可以想象，在未来，真实与虚幻、线下与线上、现实与虚拟的界线将不复存在。元宇宙也不再只是一个产品，它将和物理世界分庭抗礼，甚至相互连接、交织成为一种"新现实"。人们可以自由地进出元宇宙世界，打造比现在更加瑰丽、更加繁荣的新文明和新世界。

8.2.4　AI 促成新工具，构建虚拟与现实的通道

无论踏入数字世界与 AI 仿生人互动，进行个性化旅行的《西部世界》，还是戴上头显，进入平行数字世界的《头号玩家》，近几年，虚拟与现实交互的科幻作品越来越受到人们的欢迎。众多科技公司的尝试，让人们对元宇宙世界更加充满期待。

事实上，现实世界与虚拟世界正在被连接。2021 年以来，元宇宙成为新风口，经纬中国、真格基金、五源资本等一线基金入

局，腾讯、字节跳动等大公司也纷纷布局。Facebook 甚至宣布转型成一家元宇宙公司。

在元宇宙世界中，没有了物理世界的限制，人与人的交互不再停留在文字、音频、视频的层面，实时互动甚至交错时空的互动都将实现，新的生活方式也将随之而来。

但是，要想实现这些元宇宙设想，必须打造虚实结合的基础设施，以连接虚拟世界与现实世界。在 2021 世界人工智能大会上，商汤科技联合创始人徐立通过商汤科技打造的 AI 基础设施 SenseCore、商汤 AI 大装置和多种 AI 技术平台，解读了虚拟世界与现实世界连接的奥秘。

早在 2017 年，徐立就曾提到，商汤科技正在布局两个工具，一是生产力工具，为传统行业提高效率；二是交互工具，提供新的交互体验。可见，商汤科技在那时就已经开始寻找连通虚拟世界与现实世界的通道了。

要想连接虚拟世界和现实世界，首先要让物理空间数字化，打造一个孪生的数字空间，让人们通过虚实叠加，对现实世界进行智能化管理。虚实叠加构建起的世界比互联网世界更全面，真正打通了虚拟世界与现实世界的边界，把现实世界搬到虚拟世界中，实现物理空间的全面数字化。

随着 AI 技术的发展，近几年 AI 技术逐渐渗透交通、医疗等行业和场景，但实际上，在我们的生活中，仅有 20%的头部需求得以满足，仍有 80%的应用场景未被覆盖。例如，在城市网格化管理中，事件巡查依然主要依靠人工。除此之外，在更细分的领域，例如，在解决自动扶梯、高空抛物、老人跌倒等问题时，能采用的数据更少。

这些日常事件的数据往往是小数据，机器只能用通用技术来延伸，对这些场景进行猜想，显然这样很难实现全面的数字化覆盖。因此，要想真正连接虚拟世界与现实世界，就需要在 AI 领域发力，让 AI 覆盖更多生活场景。

第6章 品牌虚拟化：虚拟世界营销+虚拟品牌

随着元宇宙概念越来越流行，各大品牌开始关注元宇宙带来的新营销机会。特别是在疫情之下，消费者的消费行为随之发生改变，因此，一些前沿品牌加速了对元宇宙的布局。共享社交空间、数字支付、虚拟产品、虚拟形象代言人等典型的虚拟营销事件层出不穷，品牌虚拟化指日可待。

9.1 元宇宙变革品牌数字化营销

MMA-AsiaPaciic 在发布的报告《开启元宇宙营销时代》中表示,元宇宙虽然是虚拟世界,但其为各品牌提供的增长机会却是真实的。特别是对于在互联网时代长大的 Z 世代来说,虚拟世界与现实世界的边界已经较为模糊,他们更容易接受品牌虚拟化的互动。因此,品牌需要创造符合元宇宙特征的营销体验,如数字替身、数字商品、虚拟文娱等,重构品牌的数字化营销。

9.1.1 虚拟网红成为品牌营销新宠

现阶段,随着我国市场依赖移动设备的人口基数不断扩大,以及视频内容消费和社交媒体的渗透程度逐渐提高,数字营销有了巨大的发展机会。

当前的数字营销主要以短视频和直播为主,品牌方以拍摄广告视频或视频直播等形式与消费者互动,人物角色是其重要的组成部分。但是,近几年真人代言的风险却越来越高。首先,品牌形象代言人"人设"崩塌事故频发,而且这种事故与风险很难预测和控制。其次,更多品牌希望用更贴近消费者、更网络化的方式,塑造自己的品牌形象,但品牌制用的网红主播积累的私域流量,可能会随着网红主播的离开一并流失,这样的损失是很多品牌难以承受的。

因此，虚拟网红成为众多品牌营销的新宠，很多品牌开始打造虚拟化品牌形象或聘请虚拟偶像做品牌代言人。

例如，在蜜雪冰城发布的广告MV（音乐短片）中，一排雪人合唱"你爱我，我爱你，蜜雪冰城甜蜜蜜"。短片时长只有24秒，歌词也只有一句，但其播放量却突破了700万，一时之间风靡互联网。雪人就是蜜雪冰城创造的虚拟品牌形象（如图9-1所示），网友们因为一首广告歌对其印象深刻，还纷纷进行了二次创作，使这个形象成为新晋网红。

图9-1 蜜雪冰城的虚拟品牌形象

除此之外，欧莱雅、一汽丰田、歌力思、雀巢、屈臣氏等品牌也推出了虚拟偶像，涵盖汽车、快消、零售、服装等多个领域。这一举动是各大品牌顺应元宇宙趋势的重要举措，相比真人代言人，虚拟代言人纯粹以市场导向搭建人设，不仅风险低，也更贴合各种商业场景。

杭州在"城市数字 IP 形象直播展示暨城市虚拟直播间"推出了虚拟 IP 白素素,如图 9-2 所示。这一形象以古代传说中的人物白素贞为原型,并被赋予了新的时代内涵,成为城市代言人。在直播活动中,白素素与网红主播猫女林一起直播,双方以对话的形式,介绍了杭州的地域风光及人文风貌。

图 9-2 虚拟 IP 白素素

白素素不仅对城市特色如数家珍,还向网友们展示了舞蹈才艺,使这个虚拟形象更富生命力。同时,白素素与猫女林还合体开启了"虚拟主播+真人主播"这一全新的直播带货模式,为未来直播带货的发展提供了新思路。

虚拟网红是实现元宇宙的重要尝试,不仅为品牌数字化转型提供了新思路,还进一步加深了虚拟世界对现实世界的影响。虚拟网红通过 5G、超高清、VR、AR、AI 等技术拥有了"生命",不仅能与用户对话,还自带天然的品牌属性,对用户的影响更为深刻。

9.1.2 构建虚拟社区，打造营销新场景

很多企业都曾尝试过场景营销，即分析用户在特定场景下的情感、态度和需求，为用户提供精准的营销服务，从而树立品牌形象或提升转化率。近年来，随着元宇宙概念的发展，营销场景也发生了变革，虚拟社区的概念开始出现。虚拟社区又称在线社区或电子社区，是一个为有着相同爱好、经历或业务目标的用户提供聚会的场所。虚拟社区可以把对同一个话题感兴趣的人聚集起来，让他们自发互动、创作内容，以实现更精准的营销和用户自传播。

虚拟社区"破圈世界"上线仅 4 个月用户就突破了 25 万名，开始释放商业化潜力。"破圈世界"是一个包括亚文化社交、虚拟世界构建、自建人设内容的社区，其平台中的内容输出、功能建设主要依靠用户自行完成，目前包含兴趣圈子、好物集市、兴趣群聊三个主要功能。

维持"破圈世界"运转的核心是用户自己创作的内容。无数用户"为爱发电"为"破圈世界"贡献着源源不断的内容，而且在平台迭代的过程中，用户能与平台共同成长。"破圈世界"的定位是一个有生命力的虚拟社区，它抓住了 Z 世代社区主打文化品牌 IP 的特点，它并没有将用户视为付费的"工具人"，而是鼓励用户"去创造"，陪伴产品成长，变成产品的粉丝。

"破圈世界"的用户由不同的亚文化爱好者组成，每一个兴趣

圈子都是一个小的虚拟社区，每位用户会获得对应自己兴趣爱好的身份。同时，"破圈世界"还提供了各种话题和活动，如"每日一吼""想表白就表白"等话题和暑假总结大会、萌新报到处等活动，促进用户交流，如图9-3所示。除此之外，每位用户还可以通过完成任务获得"光源值"，如图9-4所示。

图9-3　用户身份

"光源值"相当于"破圈世界"中的虚拟货币，这个功能为后续"破圈世界"的商业化变现提供了可能。用户可以通过交易和付费购买"光源值"，然后用"光源值"兑换虚拟道具、头像框等产品，提升虚拟社区的使用体验。目前，"破圈世界"已售出了20万"光源值"。

图 9-4 "光源值"充值界面

"破圈世界"是企业对元宇宙概念的一次有益探索，改变了企业作为营销主体的传统模式，把主动权交给了用户。传统的场景营销虽然是针对特定场景进行的营销，但场景的构建依然以企业为主导。然而，虚拟社区的出现构建起了一个以用户为中心的场景，用户负责生产内容、传播内容，这样的模式更能吸引精准的用户，更能提高传播的效率。

9.1.3 抓住 Z 世代的心，做好虚拟营销

要想顺利推进元宇宙，必须找到拥护元宇宙的用户。作为成长在互联网时代的 Z 世代，他们对元宇宙等虚拟营销概念的接受

度非常高,是元宇宙的最佳目标用户。可以说,抓住 Z 世代的心是品牌进行虚拟营销的关键。

1. Z 世代对虚拟形象接受度高

在 Instagram 上,一位长着雀斑的混血女孩 Lil Miquela(如图 9-5 所示)拥有超过 300 万名粉丝。她住在洛杉矶,是一位音乐人和模特。Lil Miquela 喜欢在 Instagram 上分享生活和穿搭,发行过自己的单曲,还曾受邀参加米兰时装周。但这个漂亮女孩却是一个虚拟人物,是通过计算机技术创作而成的。

图 9-5　Lil Miquela

Lil Miquela 虽然是不存在于现实世界中的虚拟人物,但她却拥有不输现实世界明星和网红的影响力,她曾与特朗普一同入选

《时代》年度"网络最具影响力人士"榜单,央视网还曾报道过 Lil Miquela,资料显示,她的年收入达到了 7600 万元。

数据平台 vtbs.moe 做过一个调研,在 2019—2020 年,Z 世代聚集的 B 站,其用户对虚拟偶像的订阅量同比增长了 350%。可见 Z 世代对虚拟偶像的接受度非常高,他们并不排斥与虚拟世界交互。

《Z 世代营销》一书中曾提到,Z 世代的用户可以同时操作电视、手机、笔记本电脑、台式电脑、手持游戏机五个设备。对他们来说,科技与他们的生活密不可分。

Z 世代作为互联网原住民,从懂事时起就同时接触了现实世界和虚拟世界,他们熟练地穿梭于线上与线下,很难感受到现实世界与虚拟世界的边界,天然地对虚拟世界充满探索欲望。那些在长辈眼中很"假"的虚拟人物,在 Z 世代眼中却充满魅力,甚至比现实世界的人更有趣。

Z 世代是注重情感体验的一代人,他们不愿意成为付钱的机器,而是渴望与品牌共建,达成精神共鸣。所以套路式的广告很难打动 Z 世代用户,他们喜欢看到品牌付出真情实感创作出来的内容,这样的内容才能与 Z 世代建立强连接。因此,企业不仅要建立虚拟形象,还需要对其进行长期的内容产出和运营,以在 Z 世代用户中保持持续的影响力。

2. Z 世代渴望沉浸式体验

2020 年是在线音乐演出市场发展迅猛的一年,《2020 年中国在线音乐演出市场专题研究报告》显示,2020 年上半年,观看中国在线音乐演出的用户规模已突破 8000 万人。

虽然没有了现场的尖叫声和挥舞的荧光棒，但观众可以舒服地坐在家里体验到强沉浸感、高品质的演出。观众可以通过线上弹幕、评论向歌手提出问题，歌手可以第一时间对观众进行回应。这种零距离的互动体验是线下演出无法提供的。

五月天曾在 2020 年暑期举办了一场免费的线上演唱会，在线观众达 3500 万人，与传统的线下演唱会一场最多 10 万人左右的容量相比，受众更广。

各平台也在不断解锁新玩法，探索线上演唱会的商业价值。阿里巴巴旗下的"平行麦现场"以阿里巴巴的电商资源为依托，与淘宝商家联动。除了品牌商冠名，演唱会直播画面还会加入产品链接，直接导流到电商平台。例如，乃万的"遇见自己"演唱会，同时在大麦、优酷、淘宝三端直播，引入海信电视、韩都衣舍的品牌冠名，还为粉丝设计了演唱会官方衍生品，打通了文娱消费场景与电商体系。

过去，品牌方要想在某大型演出现场进行宣传，需要投入重金获得冠名权或提供现场赞助，以求在现场观众面前"混个眼熟"。但是，因地域等因素的限制，一场活动的容量有限，品牌方投入重金却不一定能得到很好的宣传效果。

而虚拟世界就不同了，虚拟世界可以把数以亿计的用户聚集在一起，或者说品牌可以被数以亿计的用户看到。另外，品牌"露出"的场景也变多了，虚拟装扮、娱乐场景、社交场景都可以为品牌提供"露出"的机会。例如，电影《失控玩家》里 Guy 穿的衣服、球鞋、拿的咖啡杯，都是品牌植入的理想之地。

虚拟世界的活动除了拥有上述优势，其最受 Z 时代青睐的就是极强的沉浸感。对于早已习惯虚拟世界与现实世界交互的 Z 世代来说，普通的虚拟交互并不能刺激他们的兴奋点，他们真正期望的是更沉浸、不受限制的交互世界。过去，他们在线上进行的交友、购物、游戏等活动，只是让大脑进入了虚拟世界，而身体的知觉仍停留在现实世界，只有让他们全身心都投入到虚拟世界中，才能真正打动他们。

《决战第三屏：移动互联网时代的商业与营销新规则》曾提出，智能手机是除了"第一屏幕"电视、"第二屏幕"电脑的"第三屏幕"，它改变了人们的生活方式、互动体验、消费行为，为人们的生活带来了突破性变化。

从小接触"第三屏幕"的 Z 世代，早已习惯了这种"主动靠近"的娱乐方式，不像看电视时的"后靠式"，也不像盯着电脑屏幕的"前倾式"，智能手机提供的体验更贴近用户，服务更个性化，"第三屏幕"可以随时随地来到用户眼前。随着 VR/AR 等技术的发展，"第三屏幕"或许能发展成一个可知、可感、可触、可嗅的虚拟空间。而畅游在虚拟世界的 Z 世代，可以在饮料瓶身上、街道上、公园里、博物馆里等各个沉浸式的虚拟场景中与品牌相遇，从理论上讲，品牌可以和全球各地的用户实时在线交互。

3. Z 世代更期待自我表达

Z 世代从小以来的成长环境让他们习惯了在社交网络上分享自己的生活，将自己暴露在公共视野中，他们渴望在虚拟世界中塑造一个更完美的自己。对品牌而言，这也是一个机会。品牌要逐渐舍弃主动向用户推销自己的营销方式，而是要与用户建立合作关系，帮助用户进行自我表达，以赢得 Z 世代的喜爱和信任。

Genies 是一家虚拟形象科技公司，其凭借为名人制作能在各大社交平台流传的 3D 数字形象功能，圈粉无数。用户在 Genies 上可以根据自己的喜好定制虚拟形象，这个形象可以是宠物、玩具、外星人等。同时，Genies 会根据用户的特长，生成 3D 图像、动图、短动画等不同版本的虚拟形象，如图 9-6 所示。

图 9-6　用户的虚拟形象

除此之外，Genies 还设置了多种可供虚拟形象穿戴的设备，如头盔、武器等，用户可以通过充值购买这些设备，或参与 Genies

的官方活动获得设备。未来，Genies 还将通过 VR 技术，打造更逼真的虚拟数字世界，用户的虚拟形象可以在不同虚拟场景中行走穿梭，还可以与偶像的虚拟形象同行或相处。

随着 Z 世代年龄的增长，他们已经成为虚拟世界的主要消费群体。他们渴望展示自己，希望利用虚拟世界延伸自己的个性。对于品牌而言，要尊重 Z 世代的诉求，助力 Z 世代实现自我表达，这样才能提高 Z 世代买单的概率。

9.2 虚拟品牌萌芽，虚拟产品层出不穷

虚拟产品指的是在现实世界中看不见的产品。我们的生活中有很多虚拟产品，如在线音乐、在线电影、充值会员等，它们没有实物属性，可以无限复制，永远不会库存不足。随着品牌虚拟化的发展，虚拟产品也在不断扩展着边界，一些在人们的认知中不可能被虚拟化的产品也出现在了虚拟世界，如虚拟运动鞋、虚拟服装、虚拟数字人等。

9.2.1 现实品牌的虚拟探索，Gucci 推出虚拟运动鞋

奢侈品牌 Gucci 在 App 中新增了一个数字球鞋版块——Gucci Sneaker Garage（球鞋车库）。这个版块包含了产品故事、互动游戏、虚拟试鞋等功能，能方便地与用户进行实时交互。除

此之外，Gucci 还发布了该板块的专属产品——数字虚拟运动鞋 Gucci Virtual 25，用户可以在线试穿、拍照或录制短视频，如图 9-7 所示。

图 9-7 用户试穿 Gucci Virtual 25

这款运动鞋由 Gucci 的创意总监 Alessandro Michele 设计，颜色为粉绿配色，鞋舌上有经典的 Gucci Logo。Gucci 还透露，未来数字虚拟运动鞋将在虚拟鞋履收藏平台 Agelt 上线，用户可以在 Roblox 和 VRChat 平台中试穿。

此外，与 Gucci 的其他商品相比，这款数字虚拟运动鞋的售价也非常实惠。在 Roblox 和 VRChat 等第三方平台上的售价为 12.99 美元（约 83 元人民币），在 Gucci 官方的 App 中售价为 8.99 美元（约 58 元人民币）。

这双运动鞋的出现对于想要在虚拟世界中表达自己的 Z 世代用户来说是一个福音。一些买不起或认为没必要购置奢侈品的年轻人可以选择在虚拟世界中为自己购置一身 Gucci 的"行头"，以此来彰显自己的时尚品位，并在虚拟世界中实现自我表达。

9.2.2　虚拟品牌不断发展，Tribute Brand 深受喜爱

你有没有幻想过自己能像游戏里的角色一样一键换装，只需要手指一点就能更换不同款式且尺码合适的衣服，甚至可以穿上游戏角色的衣服。虚拟时装品牌 Tribute Brand 就实现了这个设想。

Tribute Brand 是一个以无运费、无浪费、无性别、无尺寸而著称的虚拟时装品牌，该品牌主要面向年轻人，产品主要以数字形式存在。用户在 Tribute Brand 消费后，得到的不是一件衣服，而是一张由后台工程师建模而成的用户和衣服的 CGI（Computer-Generated Imagery，计算机生成图像）图片，如图 9-8 所示。

图 9-8　用户和衣服的 CGI 图片

1. 无运费

现在的年轻人习惯了众多网购商品包邮的优惠措施，从而形成了一个很奇怪的消费习惯，他们愿意花 500 元买一件衣服，却为了 5 元运费取消付款。Tribute Brand 的产品就不会让用户有这样的烦恼，因为它不需要真的发货。想要购买 Tribute Brand 的衣服，只需要在官网下单，然后按要求将照片发送到后台即可。全程无须接触，只需要用户用手指点一点，这对于热爱分享的互联网世界弄潮儿来说非常方便。他们足不出户，就能在社交网络中光鲜亮丽。

2. 无浪费

2017 年，时尚行业成为全球第二大污染制造产业。随着互联网的发展，时尚风向更迭的速度越来越快，据统计，每天大约有

1500亿件衣服成为时尚垃圾,而掩埋或焚烧这些时尚垃圾造成了严重的环境污染。

另外,一些品牌时装为了呈现出最好的效果,在反复修改成衣的过程中也会造成大量浪费。设计师麦昆曾在设计中讽刺过这一点,他将2009年秋冬系列的服装命名为"丰饶角"(The Horn of Plenty),意为时尚界的灾难。他用看起来像塑料垃圾袋的面料制作了双面外套,他为模特戴上易拉罐做成的头饰并搭配了前卫的衣服,讽刺人们追求的时尚最终不过是一堆垃圾。他甚至把自己之前办秀时留下的时尚垃圾放在秀场中间,充满了对时尚行业造成环境污染的讽刺。

Tribute Brand的虚拟时装从根本上杜绝了环境污染。这些时装不浪费一针一线,不会产生时尚垃圾,用户如果不想要了,只要动动手指点一下删除键即可,既能满足人们追逐时尚潮流的愿望,又能避免过度生产、污染环境。

3. 无性别

日本时装设计师山本耀司曾提出过一个疑问,即是谁规定了男人和女人的着装必须不同?

第一财经商业数据中心与天猫男装联合发布的《2018潮流文化发展白皮书》指出,中性风格的服饰在潮流市场中的热度不断提升。《去性别化消费·中国两性消费趋势报告》显示,从近年来消费者的特点来看,"性别"这个特点正变得模糊、无界化。

各大潮流品牌也开始顺应趋势,推出"无性别"产品。打开网购平台,我们会发现越来越多的品牌在推出无性别款式的时装，那些在传统服饰中用于区分性别的符号特征，如印花、蕾丝、领带等被打乱，任意组合在时装上面，形成了新的无性别时尚风格。

Tribute Brand 的虚拟时装同样也是无性别的，只要是用户喜欢的，就是他们的最佳着装。在这里，男生可以试穿礼服裙，女生可以穿西装、打领带，量身定制，绝对合身。

4. 无尺寸

我们如果在电商平台搜索毛衣、牛仔裤等某一类衣服，出现的商品链接往往包含大码、小个子、高个子等关键词。也就是说，我们很难快速、准确地找到适合自己的衣服，还存在可能喜欢这件衣服的款式，但是因为尺寸不合适而遗憾地放弃购买的情况。

而 Tribute Brand 的虚拟时装就不存在这个问题，无论用户高矮胖瘦，都能穿上自己喜欢的款式的衣服。用户既不会产生身材焦虑，也不用在搜索上花太多时间。

Tribute Brand 在刚推出虚拟时装时曾备受质疑，毕竟它只是在贩卖一堆由数字构成的"图片"，看不见也摸不着。然而，疫情之下，Tribute Brand 的出现，可以说给时尚行业带来了生机。

疫情给时尚行业带来的最大影响就是很多线下大秀被取消，产品销路受阻，零售额呈断崖式下跌，不少品牌关门大吉。而 Tribute Brand 虚拟时装的无接触销售模式，完美避开了这些影响，在 2020 年逆流而上。

Tribute Brand 的服装设计新奇又充满吸引力,而且在视觉上非常逼真,如一条名为"REPEK"的鱼尾礼服裙(如图 9-9 所示)。

图 9-9 REPEK

这条礼服裙呈绿色,带着金属光泽,人们穿上它,仿佛从童话世界而来。而且,礼服裙褶皱处的设计十分用心,有手工缝制的高级感,不像一般 PS 的图片那样粗糙,就连裙摆处起伏的弧度也进行了精心设计,像一件真的高级定制的礼服。

传统的实体时尚要兼顾工艺性、功能性和可持续性,在设计上有诸多局限。而虚拟时装是纯视觉方面的时尚,它可以实现各种大胆的视觉设计,紧跟潮流更新的脚步。随着社交网络的爆炸式发展,人们的许多活动都进入了虚拟世界,包括社交、游戏等。虽然虚拟时装的初衷是改变时尚行业浪费的现状,但随着虚拟世界的完善,虚拟时装也许不再是实体衣服的替代品,而是一个新的领域。

9.2.3 虚拟数字人是虚拟品牌天然的代言人

2021年的中秋节，天猫推出了一款数字月饼，这款月饼由天猫超级品牌数字主理人 AYAYI 代言，是天猫送给消费者的来自元宇宙的礼物。

这款月饼将多面体和酸性金属物质作为设计元素，多面体代表现实世界，流动性的酸性金属物质则象征元宇宙，两种元素的交融代表了现实世界与虚拟世界的融合过程，如图 9-10 所示。这款月饼虽然不能吃，却受到了许多年轻人的欢迎，一天之内有近 2 万人排队抽签，希望获得这款月饼。

图 9-10 数字月饼

为消费者送出数字月饼的代言人也不是真实的人，而是一位虚拟数字人。AYAYI 是天猫打造的首个 Metahuman（超写实数字人），她是用计算机技术合成出来的，于 2021 年 5 月横空出世，是各大品牌青睐的"优质偶像",并在 9 月正式入职阿里巴巴,成为数字人员工,如图 9-11 所示。

图 9-11　AYAYI 在阿里巴巴园区

阿里巴巴创造 AYAYI 的目的并不是请一位虚拟数字人为平台代言,而是通过 AYAYI 发展元宇宙的版图。在元宇宙的概念中,现实世界的人可以将意识接入虚拟世界,亲身体验虚拟世界中发生的事,而这个虚拟世界由现实人类的虚拟形象和虚拟数字人共同构成,人们可以与虚拟数字人进行交互。也就是说,AYAYI 完全可以为虚拟产品带货,引发现实人类的购买行为。

AYAYI 不仅仅是天猫超级品牌数字主理人,还是一位网红达人,她在小红书上有自己的账号,发布的内容均为第一人称视角,还会回复用户留言。她在小红书上发布的第一条内容就获得了224万多阅读，10万多点赞和4500多条评论（如图9-12所示），很多博主还竞相模仿AYAYI的造型。

图9-12　AYAYI的小红书内容

"太美了""是真人还是AI"评论区的用户对这位新来的大美

女充满好奇，他们持续在评论区留言。后来，AYAYI 自爆身份，表明自己是虚拟数字人，来自元宇宙，将会在这里分享数字生活。

随后，这位虚拟偶像开始"营业"，法国品牌娇兰邀请 AYAYI 参与线下体验活动，小红书上的 KOL 纷纷发布 AYAYI 同款照片。同时这也意味着，虚拟数字人来到了普通人身边，融入了大众的日常生活。

后来，LV 也邀请 AYAYI 参加线下活动，在其他品牌的展览中也能看见 AYAYI 的身影。AYAYI 的团队会有选择地寻找合作的品牌，他们会从内容入手，选择在审美、调性上与 AYAYI 相符的品牌。比起代言费，他们更看重这些品牌与元宇宙的关联性。

虚拟偶像并不是一个新的商业概念，从最初的游戏、动漫衍生出的纸片人到如今的虚拟数字人，虚拟偶像有了更好的发展。AYAYI 不同于初音未来、洛天依等动漫形象，她有着逼真的人类外形，摆脱了二次元文化圈层的束缚，有更广泛的受众。因此，对于各品牌来说，AYAYI 将会是一位完美的代言人。

首先，虚拟数字人与品牌有着更高的配合度，能有效避免人设崩塌、网络丑闻等风险。其次，虚拟数字人可以打破原有的商业边界，不受时间、地点、技能等客观因素的限制，可以极大满足用户的想象。最后，虚拟数字人能更高效地生产内容，降低内容生产的成本。可以说，当商业和虚拟数字人结合时，商业想象的大门可以越开越大。

品牌与虚拟数字人的结合还为品牌提供了一个重塑自己的机会。品牌可以趁机发展虚拟产业，并发挥虚拟数字人的天然优势，让他们代言虚拟产品，以此实现虚拟世界和现实世界的联动宣传。例如，一个在现实世界经营饮料的品牌，可以成为元宇宙的服务提供商，为虚拟世界生产虚拟饮品，以此让年轻用户从元宇宙中发现品牌，并通过虚拟数字人将消费者在虚拟世界中的品牌感知转移到现实世界。

2021年，"双11"期间，AYAYI与天猫超级品牌合作打造了线上NFT数字艺术展，为合作品牌设计具有元宇宙风格的NFT数字艺术藏品。天猫超级品牌的负责人指出，希望年轻人能从这个艺术展中窥见元宇宙的一角，也希望各品牌能从中找到新的发展契机。

对天猫来说，AYAYI更像是天猫与虚拟世界连接的载体，是天猫进入元宇宙世界的"引路人"，也是广大用户虚拟身份感和沉浸感的保障。初音未来等第一代虚拟偶像基本只能适应线上场景，线下场景只局限于演唱会等演出场景。虚拟数字人则能适应更多线下宣传场景，与用户的联系更加密切。

未来，也许每个人都会拥有属于自己的虚拟身份，在元宇宙建立起全新的生活方式和社交网络。而对于品牌来说，其将面对一个全新的商业文明，任何品牌的商品都将有新的营销机会，而每一款普通商品都可能成为虚拟世界的艺术藏品。AYAYI这样的虚拟偶像将成为超级明星，她不仅能为虚拟产品代言，还能在音乐、影视、综艺等领域多栖发展，融入人们的生活。

第10章

资产虚拟化：重塑数字经济体系

电影《阿凡达》构建了一个奇幻的潘多拉星球，那里有丰富的植物、动物、矿藏资源，是一个自给自足的原始社会。生长在潘多拉星球上的纳美族没有饥饿的困扰，他们只需要住在大树里、睡在树叶上、喝露水。从资源供应上来讲，对于纳美人而言，潘多拉星球上的资源几乎是取之不尽、用之不竭的，这与元宇宙十分相似。

由于供应链的改变，元宇宙中的社会经济体系与现实世界会有很大不同，原本在现实世界中一文不值的产品可能会有更高的价值，而原本在现实世界中的天价产品可能会变得很便宜，由此会出现一些新的值得探究的经济规律。

10.1 经济体系是构建元宇宙的重要基础

经济体系指的是一群经济个体之间相互联系，个体间的流通货币可以互相兑换，且一荣俱荣、一损俱损的关系。独立的、较为完整的经济体系对经济社会的发展具有重要意义。元宇宙要想真正成为独立于现实世界的虚拟世界，就必须构建完善的经济体系，以实现独立运转的目标。

10.1.1 元宇宙中存在稳定、完善的经济体系

随着元宇宙的发展，越来越多的以数字为载体的产品将涌现出来，如游戏、视频、数字人物等。数字产品一般分为三类：第一类是信息和娱乐产品，如图像图形、音频和视频等；第二类是象征、符号和概念，如飞机票、音乐会门票、电子代币、信用卡等；第三类是过程和服务，如信件和传真、远程教育、交互式娱乐等。这些数字产品创造、交换、消费的过程就是元宇宙经济。在一些制作精良的大型游戏中，元宇宙经济已经初见雏形。

G20峰会曾在《二十国集团数字经济发展与合作倡议》中对数字经济下了定义：数字经济是指以数字化的知识和信息作为关键生产要素、以现代信息网络作为载体、以信息通信技术的使用作为提升效率和优化经济结构的推动力的一系列经济活动。

从适用范围上看，元宇宙经济是数字经济的一个子集，是其最具革命性的一部分。元宇宙经济摆脱了传统经济的一些天然限制，如自然资源有限、制度复杂、市场建立成本高等。在纯粹的虚拟世界中，人们可以摆脱现实世界中的一些桎梏，不用吃饭、应酬，不会生病，甚至不会永久地死去，人们的主要活动就是体验、创造、交换。例如，在未来的元宇宙世界中，人们可以自由探索，购买其他人制作的服饰、食品等。同时，每个人还能从消费者变成生产者，把自己制作的虚拟产品销售给其他人。

Epic Games 的 CEO 蒂姆·斯威尼曾表示，要想让人们在元宇宙中生活，除了要建立一个统一的平台，还要建立一个公平的经济体系，让所有人都能参与，创造内容，获得回报。这个经济体系要有一套完整的规则，确保每个人都被公平对待，也要保证公司能从这些内容中获利。

从斯威尼的观点来看，建立元宇宙经济体系，需要具备以下几个要素，如图 10-1 所示。

图 10-1 构建元宇宙经济体系的要素

- 人们需要的虚拟产品
- 虚拟资产的版权归属
- 数字市场及市场规则
- 数字货币
- 元宇宙经济体系

1. 人们需要的虚拟产品

在现实世界中，人们创造的产物大多为实物产品或服务。在元宇宙世界中，人们创造的产物是虚拟产品，例如，在游戏里建造的楼房、在短视频平台发布的短视频、在微信公众号发布的图文等。有了这些产品，人们才能开展经济活动。可以说，虚拟产品是支撑元宇宙经济的第一要素。

2. 虚拟资产的版权归属

人们在虚拟世界创造的产品如果想进行销售，就必须对产品的创造者进行标记，避免产品被随意复制，价值降低。对此，我们需要建立一个底层平台，在资产层面严格保护版权和产品的流通，这样才能真正形成元宇宙经济。

3. 数字市场及市场规则

数字市场是虚拟世界交易的场所，而市场规则是人们在虚拟世界交易时需要遵守的规范和制度，二者是元宇宙经济的核心，是保证元宇宙繁荣的基础设施。元宇宙的市场是纯粹交换数字内容的市场，现在，这类数字市场的雏形已经形成。例如，我们平时在短视频平台购买虚拟礼物，打赏心仪的视频内容，这些都属于数字内容的交换。在未来更成熟的元宇宙市场中，其产品的创造和交易全过程都将在元宇宙中完成。

4. 数字代币

有了产品和市场，一个完善的经济体系还要拥有购买货物的媒介，即货币。对应现实世界的法定货币，元宇宙也要有自己的数字代币。统一的数字代币可以让各种各样的经济关系成为可能，实现元宇宙经济的繁荣。

那么,元宇宙经济与传统经济有什么区别呢？如图 10-2 所示。

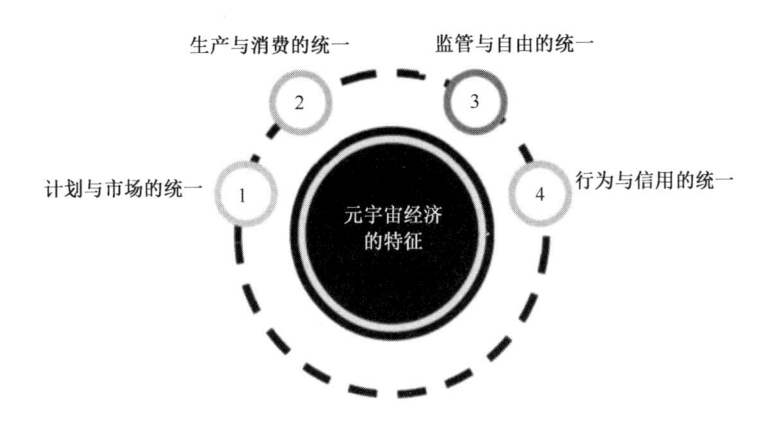

图 10-2 元宇宙经济的特征

1. 计划与市场的统一

在元宇宙中,数字是唯一的生产资料,这意味着资源是无限的。因此,要想形成市场,就需要人为设计稀缺性。数字虽然是无限的,但用数字制作成的产品可以限量供应,由此数字市场就形成了。

企业可以根据用户的需求数据,限定热门产品的最大发售量,人为地创造出供不应求的卖方市场。海量的数据加上精妙的算法,可以得到一个最佳的销售上限,甚至可以得出一个最佳的价格,屏蔽无效用户,而这款热门产品的市场就是精确计算的市场。

2. 生产与消费的统一

在传统市场中,产品从开始生产一直到送达消费者手中要经过多个环节，任何一个环节都有可能因为各种原因导致信息不通畅，最终造成库存积压和消费成本增加。在元宇宙中就没有这种问题，因为在元宇宙中用户是透明的，企业能够完整洞察有多少用户、有多少需求，从而将资源匹配到有需求的地方，更有针对性地按需生产。

除了减少资源浪费，这样的生产模式还可以减少企业之间的恶性竞争，从而让企业将精力放在满足市场中的长尾需求上，更专注于产品本身。

元宇宙中的产品没有流通环节，任何一个环节都不会存在信息不畅的问题。生产者可以直接把产品交到消费者手上，不需要物流和仓储，所以生产和消费自然是统一的。

3. 监管与自由的统一

元宇宙中数字市场的自由是指用户在市场中的活动不会受到任何干预，可以自由竞争、自由选择、自由贸易。但这种自由不是无限的自由，而是在保证市场有效运行的基础上的自由。因此，数字市场也需要监管，以维持市场环境稳定，明确各方的义务与责任，避免大规模的作弊、垄断行为，损害用户的利益与自由。

不管是社区自治、第三方监管还是政府监管，只有平衡了监管与自由，才能让元宇宙有序、持续地发展。

4. 行为与信用的统一

在元宇宙中，用户的每一次操作都会留下痕迹，一切行为都可以被记录、被追溯。用户的任何行为都将直接与个人信用挂钩，用户的信用值可以说是数字化行为的总和。

在这样的市场环境中，交易行为不再需要银行或第三方支付平台作为信用担保，只要符合元宇宙定义的信用标准，即可进行交易。

10.1.2　数字代币提供价值交换的工具

如果区块链是元宇宙经济体系运行的基础，那么其中的原生数字代币（俗称虚拟货币）则是价值交换的工具，承担着元宇宙中价值转移的功能。

工银国际首席经济学家程实曾表示，元宇宙将是一个闭环经济系统，任何微弱贡献均可以通过区块链溯源，搭配原生数字代币可以使整个元宇宙的价值转移过程畅通无阻。

目前，元宇宙已初见端倪，用户可以在虚拟世界里工作，赚取资产收益，虚拟资产还可以相互兑换。这不仅让虚拟资产生了实际价值，还为虚拟世界经济体系的运转提供了规则，充分满足了用户生产内容和使用数字代币交易虚拟商品的需求。

那么元宇宙数字代币有哪些呢？如图 10-3 所示。

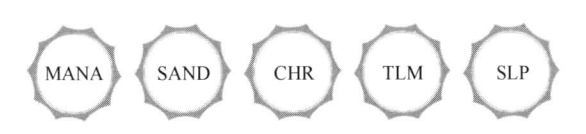

MANA　SAND　CHR　TLM　SLP

图 10-3　元宇宙数字代币

1. MANA

MANA 是去中心化虚拟现实平台 Decentraland 的数字代币。在 Decentraland 上，用户可以浏览内容，与其他人互动，划定虚拟领地。领地是不可替代、可转移的稀有数字资产，可用 MANA 购买。MANA 既可以用来购买领地、商品和服务，还可以作为奖励鼓励用户进行内容创作。

2. SAND

SAND 是虚拟游戏 *The Sandbox* 的数字代币。用户可以在 *The Sandbox* 中创造、收集、赚钱，拥有游戏中的任何东西，按自己的意愿定制，并从中获得 SAND。

3. CHR

CHR 是新的区块链平台 Chromia 的数字代币。CHR 可作为向区块生产者支付的交易费，在 DApp 中被广泛使用。

4. TLM

TLM 是 *Alien Worlds* 的数字代币。*Alien Worlds* 是一款集挖矿、质押、战斗、DeFi、NFT、DAO 等于一体的综合类区块链游戏，可以模拟用户之间的经济竞争与合作。在 *Alien Worlds* 中，用户可以通过获取 NFT 来挖掘 TLM。

5. SLP

SLP（Small Love Potion）是一种可以在以太坊区块链上使用的 ERC-20 数字代币，可以在 *Axie Infinity* 里使用。*Axie Infinity* 是一款建立在以太坊区块链上的数字宠物游戏，集收集、训练、饲养、战斗、社交于一体，用户可以通过参与游戏获得数字代币。

10.2 NFT 推动数字内容资产化

NFT 是建立在区块链技术上的不可复制、不可篡改、不可分割的加密数字权益证明，其核心价值是将数字内容资产化，保证数字资产的唯一性、真实性、永久性，从而增强数字资产的流动性，有效解决数字资产的版权保护问题。

从 *Everydays：The First 5000 Days* 以约 6934 万美元的价格被拍卖，到区块链游戏 *Axie Infinity* 凭借 Playtoearn 模式广受欢迎，众多案例表明，NFT 引发了广泛关注，NFT 产业正在进入快速增长期。

10.2.1 唯一的数字凭证，为数字资产锚定价值

与比特币、以太币等虚拟货币一样，NFT 也要依靠区块链进行交易，但 NFT 的独特之处是其具有唯一性，是不可分割且独一无二的数字凭证。

NFT 能够映射特定资产，如游戏装备、虚拟土地等，甚至实体资产。NFT 可以将特定资产的相关权利、交易信息等记录在智能合约的标示信息中，并在对应的区块链上生成一个无法被篡改的独特编码。

NFT 标记了某一用户对特定资产的所有权，意味着 NFT 成

为该特定资产的可交易性实体，因为区块链技术不可篡改、可追溯等特点，该特定资产的记录产权可以保证真实与唯一，并通过 NFT 的交易实现价值流转。

与 FT（Fungible Token，同质化通证）相比，NFT 锚定的是非同质化资产的价值，FT 锚定的是同质化资产（如黄金、美元等）的价值。二者都有可交易属性，不同的是每一枚 NFT 对应的价值是独一无二的。

OpeaSea 是现在全球最大的 NFT 综合交易市场之一，如图 10-4 所示。在 OpeaSea 中，用户可以创建自己的 NFT 作品，开设商店，可通过交易、拍卖、OTC 交易（场外交易）等方式进行艺术品、收藏品、游戏物品的加密，以及其他数字资产的买卖。OpeaSea 会在产品销售后，提取售出价格的 2.5%作为佣金。

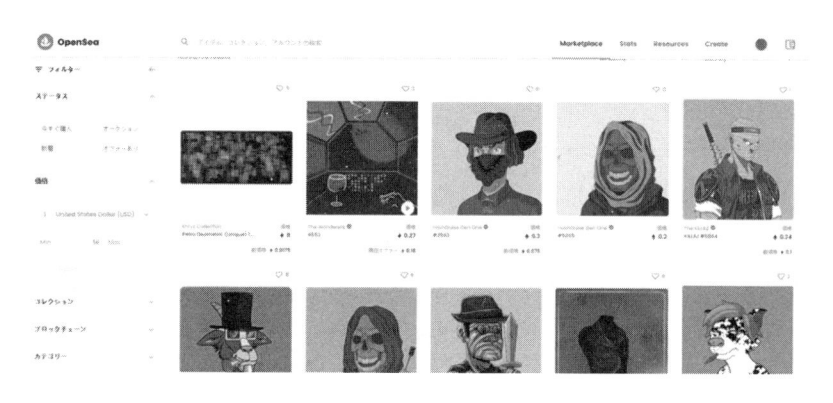

图 10-4　OpeaSea

回顾 NFT 的发展历程，从 2012 年到 2021 年，NFT 共历经了萌芽、成长、崛起三大阶段，如图 10-5 所示。

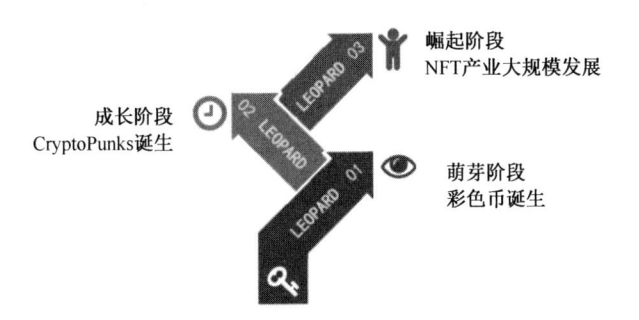

图 10-5　NFT 的发展历程

1. 萌芽阶段

2012 年，第一个类似 NFT 的通证彩色币诞生。彩色币由小面额的比特币组成，通过区块链上的备注记录多种资产，展现出现实资产转移到区块链上的可能性。

2. 成长阶段

2017 年，第一个真正意义上的 NFT——CryptoPunks 诞生了，它通过改造 ERC-20 合约发行通证，生成了 1 万个像素风格完全不同的艺术图像，将图像作为加密资产引入加密代币领域。同年，Dapper Labs 推出了一款游戏《加密猫》（*CryptoKitties*），被认为是最早的区块链游戏。

3. 崛起阶段

2018—2019 年，NFT 产业大规模发展，OpenSea、SuperRare 等 NFT 平台崛起。2020 年，Dapper Labs 发布了 NFT NBA 球员卡。2021 年，数字宠物游戏 *Axie Infinity* 风靡全球，获得广泛关注，NFT 产业开始进入快速增长期。

10.2.2 从铸造到流通，NFT 的产业价值链

支付宝在"蚂蚁链粉丝粒"小程序上限量发售了"敦煌飞天"和"九色鹿"两款付款码 NFT 皮肤。这两款皮肤可以生成付款页面的图片，而且独一无二，用户可以使用人民币和蚂蚁积分购买这两款皮肤。两款皮肤一经上线便广受欢迎，一夜之间，销售额就达到 15.84 万元。

支付宝发售这两款付款码皮肤，一是为了推广蚂蚁链和蚂蚁链粉丝粒两个产品，二是为了提高蚂蚁链在普通用户中的普及率，让个人用户更了解区块链。

从支付宝的尝试中可以看出，其有意拓展区块链的个人用户市场，而与个人用户相关的 NFT 产业则是重点发力的方向。

NFT 的价值在于它拓展了上链资产的类别，为原先无法标记所有权的资产提供了署名的可能。同时，被拓展的资产类别与普通的个人用户息息相关，这意味着 NFT 的市场体量巨大。NFT 从铸造到流通，它的产业价值链如图 10-6 所示。

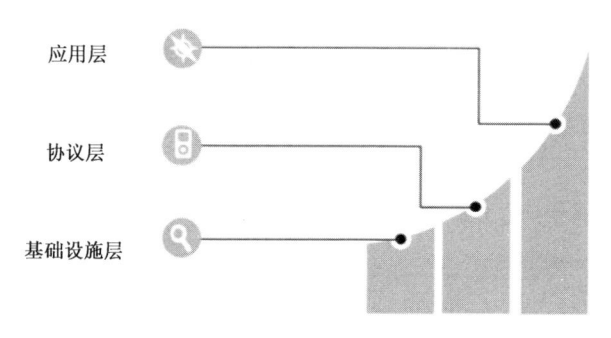

图 10-6 NFT 产业价值链

NFT 产业价值链按照 NFT 的流动，由下至上依次为基础设施层、协议层及应用层。

基础设施层主要包括底层公链、Layer 2、开发工具、存储、钱包等，这一层的捕获价值源于 NFT 的铸造，且 NFT 数量越多，捕获价值越大。

协议层包括 NFT 铸造协议及一级市场，捕获价值源于 NFT 的一级交易；流动性协议，用于对 NFT 的价值发现；DeFi+NFT，通过铸造活动捕获价值。

应用层主要以基于协议层而产生的通货衍生出来的应用为主，例如，OpenSea 中交易的 NFT，由协议层的各铸造协议平台构成。这一层的捕获价值源于流量和需求变现。

下面，我们介绍几个 NFT 产业价值链上的相关案例。

1. 粉丝经济

传统粉丝经济的最大受益方不是粉丝或偶像，而是中心化社交平台，其控制着粉丝看到的信息，并能够决定谁可以通过自己的平台成为偶像。另外，在这样的模式下，偶像和粉丝的互动一般是单向的，很难产生双向互动。

围绕 NFT 生态建立的去中心化社交平台可以更高效地连接粉丝和偶像，让偶像和粉丝产生双向互动。平台会为粉丝和偶像双方设立与之贴合的经济激励机制，方便粉丝成为偶像，从而鼓励原创行为。

Rally 是一个基于以太坊，能够让创作者与自己的社区产生独立经济联系的平台。创作者可以基于 Rally 发行自己的通证，而粉丝通过购买创作者的通证来支持自己喜欢的创作者，并享受特殊福利，如进入私人社区、购买定制内容等。

Rally 连接了创作者与粉丝，使他们由单向互动变成了双向互动，进而产生互利关系。对创作者而言，与粉丝建立独立的联系，不仅增强了双方的互动，还获得了可持续的盈利方式，得到了更多经济收益。对于粉丝而言，通过购买创作者的通证，可以获得专属福利，满足了他们想与创作者拉近距离的需求。

目前，Rally 采取非开放式注册的方式，官方对每个想入驻的创作者都有比较详尽的要求。但是，随着广大用户对加密方式逐渐认可，Rally 也许会开放注册，让每个粉丝都可以变成创作者。

2. 游戏

目前，区块链游戏开发者使用 NFT 吸引玩家，主要依靠 P2E（Play to Earn）模式，即玩家通过玩游戏获得游戏内资产或通证的所有权，并提升资产的价值。采用该模式的游戏，其中大部分收益不再属于中心化游戏公司，而是属于优秀玩家。通过持续参与游戏，优秀玩家不仅可以为自己创造价值，还可以为其他玩家和开发人员创造价值，最终使游戏实现 DAO 治理。

但目前大部分区块链游戏设计本身存在一些问题，如体验感不佳、无法吸引币圈之外的用户等。对此，只有丰富的游玩体验加上 P2E 模式才能完全激发区块链游戏的潜力。

Sorare 是基于以太坊开发的区块链足球游戏。玩家通过购买经俱乐部认证的 NFT 球员卡来组建自己的球队，每张球员卡会

根据球员在现实世界比赛中的成绩评分。

  Sorare 的球员卡有四种类型，分别为黄色卡、红色卡、蓝色卡和独特卡，从黄色卡到独特卡越来越稀有。稀有度越高，球员卡的成本也就越高。另外，球员卡还有经验系统和等级系统，玩家每次使用球员卡，都会增加球员卡的经验值，经验值可用于升级球员卡。每张球员卡根据稀有度的不同，其等级起始区间也不同。等级与玩家在比赛中获得的额外分数有关，等级越高，额外分数越多。

  玩家完成球队组建和阵容搭配后就可以参加平台举办的梦幻足球比赛，不同的比赛会要求玩家使用不同等级的球员卡才能进入。玩家需要选择 5 张球员卡作为起始卡组，分别为中场、前锋、后卫、门将和替补，然后将特定位置的球员卡放到对应的卡槽，就可以安心等待比赛结果，如图 10-7 所示。

图 10-7 *Sorare* 梦幻足球比赛

系统会根据从足球数据网站抓取的该球员在现实世界比赛中的成绩，如比赛时长、进球、传球、扑救、抢断等，得出该球员卡的总得分。如果该球员在现实世界比赛中获得了红牌或黄牌，就要减去相应的分数。最后5张球员卡相加的总得分就是团队得分，即玩家获得的分数。玩家根据比赛获得的分数可以获得新的球员卡和通证奖励。

3. 元宇宙

NFT为元宇宙带来的价值，主要是确认用户虚拟财产的归属问题，使元宇宙内形成完整的经济体系。目前，NFT在元宇宙中的应用还有很大发展空间，但仍面临以下三个问题。

第一，硬件门槛较高。用户使用的硬件设备需要满足一定条件，才能使虚拟世界的画面流畅展现。第二，元宇宙目前缺乏优势玩法，吸引力不足。第三，玩家群体局限性较强，没有触及大众群体，需要发掘更强力的IP和创新的NFT玩法。Somnium Space是基于以太坊的开放的、永久的虚拟世界（如图10-8所示），提供本机NFT集成，支持主流头戴式VR设备，使用CUBE作为应用内的通证。用户可以在Somnium Space中社交、购买土地、建造设施、销售物品等，并通过这些活动获利。Somnium Space中的一切都是由用户自己创造的，它的目标是营造一个如科幻电影般的虚拟世界。Somnium Space自上线以来，总交易额达152.09万美元，受到了很多用户的欢迎。

图 10-8　Somnium Space 虚拟世界

10.2.3　盈利模式多样，DeFi 丰富 NFT 的盈利模式

一个优秀的商业模式必须有丰富的盈利模式作为支撑，才能得到良好的发展。目前，NFT 领域中常见的盈利模式有直接销售 NFT、二级市场交易手续费、游戏内经济交易手续费等模式。

1. 直接销售 NFT

直接销售 NFT 是 NFT 领域最常见的盈利模式，很多游戏发行商通过向用户销售数字商品来获得收入。例如，在《堡垒之夜》42 亿美元年收入中，大部分收入来自向用户销售皮肤，而皮肤就是一种完全数字化的产品。

2. 二级市场交易手续费

开发者可以从其开发物品的二级市场中抽取一定比例的手续费，例如，OpenSea 的开发者可以设置二级市场销售的抽成比例。

3. 游戏内经济交易手续费

开发者也能从用户生成的 NFT 交易中收费。例如，在 *Cryptovoxels* 中，用户可以自己创建名为"可穿戴设备"的配件，开发者则从用户每次购买游戏内数字产品的交易中收取一定的手续费。

除此之外，DeFi 自 2020 年以来飞速发展，流量、资金量不断增加，进一步丰富了 NFT 的盈利模式，这里我们主要介绍 5 种盈利模式。

1. 治理通证

开发者向社区成员销售治理通证，以此盈利。拥有治理通证的用户可以对虚拟世界的新功能进行投票，提出要构建哪些新功能。

2. 收入分成通证

开发者能推出具有分成功能的通证，持有该通证的用户与开发者按一定比例分配虚拟世界内的交易费用。收入分成通证可以提高用户创造商品与服务的积极性。

3. DeFi 认购

用户将加密资产投入 DeFi 协议中，开发者可以获取加密资产产生的收益。例如，用户把 100 个 DAI（稳定币）存储到代币市场协议 Compound 中，Compound 协议为这 100 个 DAI 提供了更强的流动性，开发者就可以收取该资产流动过程中产生的收益。

4. DeFi 抵押

这是一种开发者参与度更高的商业模式。开发者推出质押服务，用户只有使用该服务才能进入虚拟世界。这时，抵押物产生的所有收益将属于开发者，作为用户进入虚拟世界的补偿。

5. 原生通证

NFT 也可以直接推出自己的通证来盈利。开发者可以要求用户只能使用原生通证购买虚拟世界中的物品。

10.2.4 NFT 交易频发，市场潜力巨大

近年来，NFT 交易频发，销售额增加到 25 亿美元。据 DappRadar（全球最大的 DApp 市场数据和 DApp 分发平台之一）统计，2021 年上半年，NFT 的销售额达 25 亿美元。而在 2020 年上半年，NFT 的销售额只有 1370 万美元。

据 NonFungible 统计，2021 年上半年，有三分之二的时间段（按周统计）内的 NFT 买家超过 10000 名，其中 3 月份有 2 周 NFT 买家甚至超过了 20000 名。

另外，Coingecko（区块链分析网）的数据显示，NFT 的总市值突破了 300 亿美元，其中市值排名第一的 NFT 通证 Theta Network 市值达到了 71 亿美元。

从上述数据可知，NFT 的市场潜力巨大且已经进入了高速增长期。

10.2.5 虚拟艺术品+虚拟土地，数字内容资产化已现端倪

在全球数字化转型的时代背景下，NFT 有着非常广阔的发展前景。随着元宇宙的发展，许多标的物甚至会以数字原生态的形式出现，NFT 有望成为数字经济世界中不可或缺的一部分。

目前，NFT 在虚拟艺术品和虚拟土地领域已经得到了较为广泛的应用，出现了一些具备较为完善的生态的交易流转平台。

1. 虚拟艺术品

2021 年 8 月，腾讯推出了 NFT 交易软件"幻核"，自上线后，幻核已发售了"限量版十三邀黑胶唱片 NFT""数字民族图鉴 NFT"等数字艺术品，如图 10-9 所示。

图 10-9　限量版十三邀黑胶唱片 NFT

幻核要求用户实名制注册后才能进行数字艺术品的认购,所有作品一经认购,马上绑定用户。另外,幻核没有把数字艺术品的发行权交给所有用户,普通用户无法出售自己的数字艺术品,只有经过平台授权的 IP 方才能在平台上发布作品。

幻核的这些限制杜绝了普通用户炒作数字艺术品的可能,避免了超高溢价的数字艺术品出现,同时也导致数字艺术品的流通性较低,估值偏低。

这虽然是我国企业对 NFT 的一次有益尝试,但从产品本质来看,幻核更像一个数字艺术品开发与销售平台,但因为作品的不可复制性,给广大用户带来了线上收藏艺术品的仪式感。

与国外的 NFT 数字艺术品平台相比,幻核需要解决的问题是如何引入更多的 IP 方,创造出更多让投资者、收藏家愿意买单的数字艺术品。国外的此类平台金融属性更强,而国内的 NFT 平台更像一个实体商品的交易市场,目标不是抬高数字艺术品的价格,增加其流动性,而是提高数字艺术品的知名度,让收藏者获得较好的体验。

2. 虚拟土地

2021 年 6 月,Decentraland 中的一块虚拟土地以 91.3 万美元的价格卖出;同月,*Axie Infinity* 中的九块虚拟土地以约 150 万美元的价格成交。可见,虚拟土地在 2021 年掀起了流量、社交的新风潮。

虚拟土地指的是虚拟世界中的土地,与现实世界相同,用户可以出售、出租、拍卖虚拟土地,也可以在虚拟土地上盖酒店、修建居民楼等，还可以通过这些活动赚取数字代币。

虚拟土地借着元宇宙和 NFT 的势头身价飙升，如今的虚拟土地市场，每天都在进行着虚拟土地的买卖、转让和开发。许多著名的投资人，如灰度基金创始人 Barry Silbert、NFT 收藏家 Whale Shark 等都持有大量的虚拟土地。由此可见，随着区块链加密技术的不断发展，更多创新的投资模式会不断涌现，虚拟土地便是其中的一个新机遇。

随着大量资金涌入虚拟土地市场，虚拟世界爆发出更多潜能，更多的投资者开始思考，如何进行虚拟土地的商业化开发与建设，以帮助自己更快实现财富增长。

例如，苏富比在 Decentraland 建设了虚拟画廊；鱼池创始人王纯在已购入的 *The Sandbox* 中的虚拟土地上建设狗狗币爱好者的总部；Boson 用虚拟土地建设虚拟商城；英国艺术家 Philip Colbert 在 Decentraland 上举办 NFT 艺术展和音乐会等。

未来，虚拟土地的商业价值仍将继续增长，各方投资者需要解决的问题是，如何绿色、可持续地对虚拟土地进行运营，以保证其被更广泛应用。

10.3 NFT 助力内容资产价值重估

在传统互联网时代，内容几乎可以随意被复制和传播，盗版的成本极低。因为很难确定内容的版权归属，所以内容的价值也很难估计，而且常常会被低估。NFT会通过专门的协议对内容的版权做出明确标记，因为NFT的不可复制性，内容便具有了唯一性，且拥有了更高的价值。

10.3.1 生成唯一独特编码，解决版权保护问题

一直以来，如何保护版权一直是广大内容创作者面临的难题，多数数字内容能被轻而易举地复制，但追究侵权责任的难度却非常大，往往需要付出很高的维权成本，严重打击了创作者的积极性。

版权保护是NFT的核心功能。NFT可以标记数字内容的所有权，如图片、视频、音乐、文字等。在数字内容有了明确的归属和价值表示物后，就可以实现价值流通并形成价格。

在一个作品被铸成NFT后，这个作品就会被赋予一个独特编码，以保证其唯一性与真实性。从此，原先被随意复制的数字内容就具有了稀缺性，除了该编码的内容，其他的相同内容皆属于盗版。

同时，NFT还拥有更广阔的获利空间。数字内容的所有权每发生一次转移就意味着创作者能从中获得版权费。以艺术品交易平台Super Rare为例，当藏品第一次交易时，创作者获得85%的收益，平台收取15%的收益作为佣金；当藏品第二次交易时，卖家获得90%的收益，创作者获得10%的收益。

除此之外，还有很多因为NFT的版权保护功能而获利的案例。例如，艺术家Whisbe将一部16秒的动画以NFT的形式在

Nifty Gateway 上卖出了 100 万美元高价；Twitter 首席执行官杰克·多尔西将他的第一条推文以 NFT 的形式卖出 290 万美元的价格；《纽约时报》将自己的一个专栏转为了 NFT 的形式。

10.3.2 数字版权上链，保证资产流通性

将数字版权的数据写到区块链中，可以实现 IP 价值的流动。另外，将分成协议写入智能合约，可以让创作者在数字内容流转过程中享受分成收益，有利于刺激原创内容的创作。

目前，在国外已经形成了一套较为成熟的 NFT 交易机制，即创作者发布 NFT 后，其他买家购买后可以进行二次转售与购买，在作品流转过程中，创作者可以收到版权费。

在国外市场中，有很多广受欢迎的 NFT 项目，例如，售卖 NBA 球星高光集锦的 *NBA Top Shot*，售卖像素头像的 CryptoPunks 等。根据 Nonfungible 的数据，2021 年第二季度，3 个 NFT 项目的销售额超过 1000 万美元。另外，市场中有 4 个项目的估值在千万美元以上，其中 MeeBits 价值 9076 万美元，是价值最高的 NFT 项目之一。

除了全球最大的 NFT 综合交易市场 OpeaSea，Nifty Gateway、Rarible 等交易平台也充满活力。可见，数字资产上链已经成为一大趋势。未来，数字资产如果实现完全流动，则将为广大创作者带来巨额财富。

第11章

线下元宇宙：剧本杀模拟新世界

前文探讨的是目前行业的主流观点，即线上形态的元宇宙概念。然而，根据虚拟现实补偿论，任何能带给人们沉浸感、参与感、补偿感的外部经济性虚拟现实形态都可能受到欢迎。根据更广义的元宇宙概念，相较于线上元宇宙，实现路径更短、外部经济性更明显的线下元宇宙概念，或许同样值得我们关注。

事实上，线下元宇宙的火苗已经燃烧了半个多世纪。目前，最接近线下元宇宙雏形的剧本杀产业在国内的市场规模已接近200亿元。同时，剧本杀这一新兴的娱乐方式，正在高速打通景区、民宿等文旅产业，掀起一波剧本杀沉浸式文旅浪潮，有望在未来实现剧本杀赋能实体经济的崭新局面。沿着剧本杀这一起点出发，线下元宇宙有可能迭代出一条与线上元宇宙并驾齐驱、最终融通的发展路线。

11.1 路径更短的虚拟现实形态

主流观点下的元宇宙形态,不仅需要强大的技术支持,而且存在较大的政策不确定性,需要很长一段时间的摸索和博弈,其结果如何尚不明确。尽管如此,根据虚拟现实补偿论,人类是"向虚而生"的,不会放弃对任何形式的虚拟世界形态进行探索。线下元宇宙是从我们所在的现实世界自然延伸出来的虚拟世界,相比线上元宇宙,离我们更近。事实上,半个多世纪以来,国内外已对其进行了许多积极探索,如沉浸式主题乐园、LARP等。

11.1.1 人们渴望虚构世界的永恒冲动

以色列作家尤瓦尔·赫拉利在其著作《人类简史》中提出,人类之所以能成为世界的主宰,区别于其他动物,本质在于人类能够虚构故事,传达一些虚构出来的事物的信息。虚构故事赋予了人类前所未有的能力,让我们得以集结大批人力、灵活合作。智人之间的合作不仅灵活,而且能与无数陌生人进行。也正因为如此,智人获得了持续发展。

人类的整个发展史,可以说是各个阶段、各个群体相信什么样的"故事"而产生什么样的社会结构的过程。从某种意义上讲,这种虚构故事的能力,或者说虚拟现实的能力,是人类创造和迭代现实世界的重要能力。或许从智人成功传达第一个故事开始，这种基于虚拟现实的虚构能力就已经被写入了人类基因和集体潜意识之中。

同时，从人类进化史中我们也可以看到，人们在现实世界所缺失的东西，将在虚拟世界进行补偿。米兰·昆德拉曾说过，人永远都无法知道自己该要什么，因为人只能活一次。现实世界是唯一的，它只能"是其所是"，而虚拟世界却可以"是其所不是"。事实上，人们很早就建立起了一个个虚拟世界，以此进行寄托和补偿，如文学、影视、游戏等。古代的诗歌、绘画、戏曲是千年前的虚构现实；现代的小说、电影、网游又何尝不是虚构现实。人们喜欢即时的快乐，在现实世界，人只能活一次，只能获得一次及时的快乐；而在虚拟世界，人可以重生多次，从而反复获得即时的快乐，这就会对人们产生不可抗拒的吸引力，这也是大多数游戏设计公司的底层逻辑。可以说，从虚拟世界挖掘出的多种可能性，归根结底是人类文明的底层冲动。

基于上述虚拟现实补偿论，我们假设一个文明为了得到补偿而创造虚拟世界的冲动是永恒的，那么在长时间的发展中就必然会创造出一个个虚拟世界。在某种程度上，只要这个虚拟世界是脱离当前现实世界的，是能带给人们沉浸感、参与感、补偿感的，是外部经济性的（否则这种虚拟世界很容易被现实世界阻断），就可能受到人们的追捧从而得到持续迭代。

11.1.2 蛰伏半个多世纪的线下元宇宙

如果我们跳出狭义元宇宙概念的数字化设定，将其泛化为"一个让人沉浸的虚拟世界"这样的广义概念，更多地去关注元宇宙本身，那么对于未来元宇宙的可能形态，或许我们会得到与目前主流观点不一样的答案。虽然数字化元宇宙的终极形态让人心向往之，但其实现难度、开发周期及政策风险却始终是横亘在探索者面前的不确定因素。那么我们不禁要问，有没有一种实现路径更短、政策利好的广义元宇宙形态？或许，当我们基于虚拟现实的思路设定，把目光从线上转移至线下时，我们就会发现线下元宇宙也是可行的。

或许线下元宇宙这一概念比较抽象，但如果提到美剧《西部世界》里的西部小镇或者《楚门的世界》里的"桃源岛"，也许大家就并不陌生了。这两部影视作品的共同之处在于，它们都呈现了一个在现实世界中开辟出的"相对虚拟"的世界，在那个虚拟世界中有着迥异于现实世界的世界观和角色设定。如果我们把那样的虚拟世界称之为线下元宇宙，相信大家就会有画面感了。

事实上，线下元宇宙离我们并不遥远，至少比线上元宇宙近得多。半个多世纪以来，以迪士尼公司（以下简称"迪士尼"）为首的沉浸式主题乐园和欧美盛行的 LARP（Live Action Role Playing，实况角色扮演游戏），这两种线下沉浸式虚拟现实玩法为线下元宇宙提供了积极探索，并奠定了坚实的发展基础。

11.1.3 迪士尼沉浸式主题乐园

说到主题乐园，大家很容易联想到广州长隆主题乐园、上海迪士尼及最近大火的北京环球影城，你肯定至少去过其中一个。它们的特点是，给用户创造一个充满戏剧性的大型主题梦境，来作为游乐目的地，用户愿意为了体验这个梦境而付费。

这些模式其实都是在学习迪士尼乐园。迪士尼创始人沃尔特·迪士尼之所以会有建造主题乐园的想法，是因为想给迪士尼的影迷们圆梦。很多影迷在观影之后曾给沃尔特写信，请求参观迪士尼的电影工厂，想亲身感受电影中的美好场景。但沃尔特很清楚，如果大量接待影迷，势必会耽误电影工厂拍片子。所以他就有了建造主题乐园的想法，专门为影迷们造梦。迪士尼乐园一经开业便轰动了世界，这是世界上第一个现代意义上的主题乐园。

随后的半个多世纪，迪士尼又在美国佛罗里达州、日本东京、法国巴黎、中国香港、中国上海等地陆续开办了其他迪士尼主题乐园，被誉为现代社会的造梦工厂。2018年5月31日，美国加利福尼亚州迪士尼星球大战沉浸式乐园（见图11-1）开业，官方出售的50万张门票在2小时内被抢空。迪士尼除了真实还原影视中的场景，构建沉浸式体验，还利用VR、AR等技术来模拟各种星球大战的画面，让玩家获得身临其境的感觉。

即使是在半个多世纪后的2021年，沉浸式主题乐园这一略显古老的娱乐方式在年轻人群体中的受欢迎程度也丝毫不逊色于当年。

图 11-1 迪士尼星球大战沉浸式乐园

2021 年 9 月，正式开园的北京环球影城，在开售后一分钟内，开园当日的门票就已售罄，不到三分钟，门票销量就已经破万，仅半个小时，北京环球影城大酒店开园当日的房间就已经订满，其火爆程度可见一斑。值得一提的是，网红项目哈利·波特魔法世界，通过一比一仿真霍格沃茨魔法学院、禁忌之旅裸眼 3D 过山车、可以触发魔法的各种魔杖，以及随处可见的长袍巫师 NPC，带给了"麻瓜们"极致的魔法世界沉浸式体验，受到无数网友的疯狂追捧和传播。

在 2021 年 10 月，万圣节前夕，广州长隆主题乐园也不甘落后，推出了主打十大鬼屋沉浸式玩法的万圣节狂欢夜活动。进入园区，数百名 NPC 引领玩家装扮成异次元的鬼怪招摇过市，仿佛真的闯入了一个异世界。

11.1.4　LARP：实况角色扮演游戏

LARP 在国内也许很少被提及，但其在欧美拥有将近 50 年的历史。最初，LARP源于美国杜鲁门时期，一些戏剧演员为了表达对浸信会和民主党的不满创作了一些讽刺剧目，这些剧目由于台词粗鲁、即兴较多逐渐演变成了有固定故事框架，可以即兴演出的群体剧目。

随着20世纪70年代奇幻小说及游戏设定集的流行，LARP一词也正式登上历史舞台。北美、欧洲和澳大利亚的组织团体根据体裁小说和桌面角色扮演游戏发明了LARP，将其设定为真人亲身体验虚构环境的游戏。

在LARP中，玩家需要塑造一个角色，并将其融入虚拟世界中。根据游戏设定，玩家有时需要进行格斗等体育活动，有时需进行大量交谈。这个游戏的核心在于，玩家可以自己创造一个具有独立规则、主题乃至世界观的虚拟世界。

LARP玩家将在这个虚拟世界中对人物进行扮演，即兴创作各自的角色语言和动作。与TRPG（Tabletop Role Playing Game，桌上角色扮演游戏，国内又称"跑团"）不同，LARP玩家需要在公共或私人区域开展持续数小时或数天的游戏。所有玩家打扮成自己创作的人物角色，在符合主题设定的环境中真人上演剧情。

通常可以将LARP游戏中的人物分成以下三类。

（1）游戏管理员（GM）

GM主导游戏活动全过程，类似于戏剧中的导演。在一些大型LARP游戏中，将由策划委员会或几个GM共同把控整个游戏的进展。

（2）非玩家角色（NPC）

NPC 指参与游戏的工作人员,其通过扮演特定角色推进剧情,帮助玩家更快代入剧情。

(3)玩家角色(PC)

与 NPC 不同,PC 在游戏过程中要根据自己的角色属性,随着剧情发展来决定和调整自己的行为和语言。换句话说,NPC 是故事的一个组成部分,PC 则需要体验和了解整个故事。

全球范围内最大的 LARP 游戏之一是德国的 *Mythodea ConQuest*,如图 11-2 所示。该游戏每年 8 月在德国汉诺威附近布罗克洛的活动区举行。活动为期 5 天,占地超过 60 万平方米,每次会有 6000~10000 人参与,这是德国同类活动中规模最大的活动之一。你可以想象一下,某个清晨的野外,太阳刚刚升起,山坡上有几百人相互对峙着,每个人都穿着奇装异服,一边喊着"为了联盟",一边喊着"为了部落",这是什么感觉?

图 11-2 *Mythodea ConQuest*

如今,LARP 已经受到了广泛关注。一些公司运营着能容纳数千名玩家的游戏，而且一些与 LARP 服装、装甲和泡沫武器相关的行业也逐渐发展起来。2013 年美国有部名为《乌龙骑士团》（*Knights of Badassdom*）的冒险电影上映，该电影描绘了国外玩家玩 LARP 的全过程。

11.2　线下元宇宙雏形：剧本杀

虽然主题乐园能带给人们沉浸感，但其本质上还是商业景观，定位于服务大批量游客，因而无法深度满足个体用户参与感和补偿感的需要。虽然 LARP 已经在某种程度上非常接近虚拟世界的特性，但因其玩家文化总体上偏向非主流、商业化程度较低且缺乏完整产业链等原因，其并未得到政府和主流文化的认同，而是逐渐发展成为一种亚文化社群。

因此，这两种中间形态都无法持续进化到线下元宇宙的最终形态。而国内直至 2017 年才兴起、短短五年时间行业规模已近 200 亿元的剧本杀却逐渐崭露头角，带给人们更多的启示和期待。

11.2.1　剧本杀的前世今生

剧本杀最早可以追溯到欧美国家的一种叫作"谋杀之谜"（*Murder Mystery Game*）的游戏，这类游戏的灵感来自欧美的法庭陪审团制度。谋杀之谜游戏起源于 19 世纪，最早出自英国的一起由 Constance Kent 犯下的谋杀案——Road Hill House Murders

（路丘别墅谋杀案）。1935 年，在世界上首款谋杀之谜游戏 *Jury box* 中，玩家扮演法庭陪审团的角色，这便是最早的剧本杀雏形。1948 年，相对更加完善的一款谋杀之谜游戏面世——《北美的线索》（*Cluedoor Clue in North America*），这款游戏吸取了 *Jury Box* 的优点，并且加入了更多玩家互动交流的环节，从一定程度上推动了剧本杀的发展。谋杀之谜游戏为后来的剧本杀重点引入了推理元素，并为剧本杀主流程奠定了基础。

20 世纪 70 年代，随着以《魔戒》为代表的奇幻文学风靡世界，线下 RPG 开始在欧美兴起，包括 TRPG 和 LARP。其中，TRPG 是一种不用计算机在桌上就能玩的 RPG 游戏，属于广义的桌上游戏，也是剧情共同创作、开放程式码、知识共享维基理念的早期游戏形态；LARP 则一般在室外或开放的空间中进行，更侧重于演戏。TRPG 和 LARP 为后来的剧本杀引入了角色扮演元素，甚至 LARP 相比于目前国内大多数剧本杀而言，其在游戏理念和体验效果上还要领先许多。

2000—2010 年，国内的推理游戏（警匪游戏）、三国杀、狼人杀等桌面社交类游戏陆续流行起来。在此带动下，从 2008 年开始，一种以游戏会友、交友的线下社交娱乐场所"桌游吧"开始在国内兴起。狼人杀等桌游虽然和后来的剧本杀本身并没有直接关系，但其所积累的广泛的国内受众和线下门店却为接下来剧本杀的引爆提供了坚实的基本盘。

2013 年，一款名为《死穿白》（*Death Wears White*）的英文剧本杀传入国内，是国内第一款剧本杀剧本，但是一直属于小众游戏，并未在市场中进一步发酵。直到 2016 年 3 月，芒果 TV 推出中国首档明星推理综艺秀《明星大侦探》，主打"烧脑剧情"和"悬疑推理",成为现象级综艺 IP,将剧本杀带入大众的视野,激起了广大桌游爱好者的极大热情。同年,国内第一个实体剧本杀线下门店在西安正式开业,不少桌游店也纷纷开始转型运营剧本杀。2017 年年初,更多线下实体店开始在中国扎根,剧本杀行业开始正式进入形成期。2017—2020 年,明星资本入局,线上线下剧本杀快速发展。2021 年芒果 TV 入局,M-CITY 入驻长沙。如图 11-3 所示,短短几年时间,剧本杀行业已经形成较为健全的产业链结构及持续新内容供给刺激新消费的正循环。

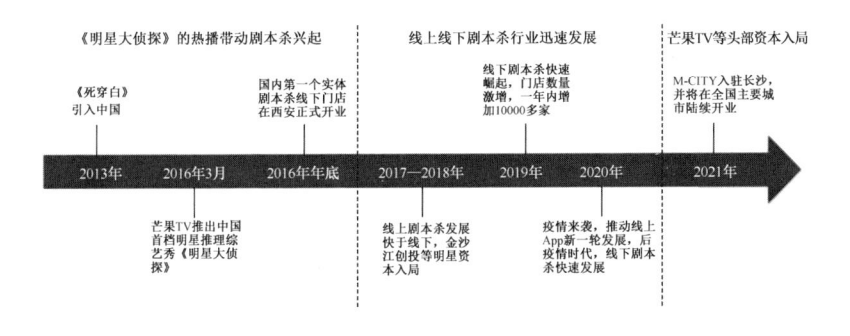

图 11-3 国内剧本杀发展时间轴

纵观中国剧本杀的进化史,我们发现它有一个很长的过去,却只有一个很短的历史。从谋杀之谜游戏为剧本杀奠定玩法基础、引入推理元素,到 TRPG 和 LARP 为剧本杀引入角色扮演元素,再到狼人杀等桌游为剧本杀提供广泛受众和门店基础,最后由综艺 IP《明星大侦探》正式吹响集结号,剧本杀以雷霆之势席卷神州大地。透过这段进化史,我们也有理由相信,剧本杀形态具备了坚实的进化基础和强劲的爆发潜力。

11.2.2 剧本杀玩法介绍

总体而言，剧本杀是一种以个人为中心的集逻辑推理与角色扮演为一体的社交游戏。具体而言，就是一群玩家基于剧本扮演特定角色、推动剧情演绎，最终找出真凶、还原剧情的游戏。

剧本杀玩家通过代入、理解所扮演角色的故事和情绪，和其他玩家交换信息、推理取证、寻找真相。在演绎不同角色的过程中，因为有剧本、服装、道具、台词、背景音乐、主持人、NPC等，会让玩家产生强烈代入感，获得沉浸式体验和情感体验，从而体会到不同的人生。

而拥有出色剧本的剧本杀，不仅是个简单的推理游戏，还会给人们带来奇妙的情感体验。例如，剧本《北国之春》根据切尔诺贝利事件改编而成，其中有很多需要玩家进行抉择的情节，而每一次抉择都关乎着所有人的命运。游戏玩到最后，屏幕中播放出切尔诺贝利核电站事故的视频影像，玩家在扮演了几小时亲历者之后，再回过头去审视这场事故，除了震撼，还多了一层对灾难的痛感和反思。同时，剧本杀的独特魅力在于，它是包含审美价值体系在内的文化娱乐产物。玩家通过扮演角色与他人互动，获得新的生命体验，这种体验有别于重复的策略性体验，它是不可复制且有独立价值的。

不同剧本杀的剧本内容各不相同，但是核心玩法大同小异，基本包括以下6个环节。

（1）选角：玩家选择或由主持人根据情况分配所要扮演的人物角色；

（2）读本：阅读自己剧本中的背景故事和人物剧情，往往分2～4幕阅读；

（3）讨论：故事开始，先以剧本中的角色进行自我介绍，之后进行公聊或私聊交换信息；

（4）搜证：从主持人处获取线索卡或进行实景搜证，供玩家推理或还原剧情；

（5）小剧场：一部分剧本会设置小剧场环节，需要玩家声情并茂地演绎台词对白，将剧情推至高潮；

（6）投凶/还原：经过几轮搜证和讨论，得出最终结论，根据剧情需要投票选择凶手或还原完整剧情。

通常国内线下剧本杀会涉及以下要素。

（1）玩家

一般每场4～10名玩家，且大部分剧本男女比例设置较为均衡。玩家组队方式包括熟人组团和拼车（陌生人组团），关系链横跨熟人、半熟人、陌生人。实际情况是，往往因为剧本人数性别限制、时空限制等客观因素，大部分场次由几组熟人拼车组成。从沉浸式体验效果而言，队友质量是最关键的因素，队友是否认真代入角色、演绎水平、逻辑清晰度等都将直接影响玩家自身的体验。

（2）剧本

剧本时长一般为 2~8 小时不等。剧本类型可分为推理本、情感本、欢乐本、还原本、阵营本、机制本等。现阶段市场上流通的剧本中，推理本占比最大，情感本、欢乐本次之，但随着剧本创作者水平和实景剧本杀占比的提升，推理元素占比将逐步减少，而角色扮演元素占比将逐步上升。剧本质量不仅是影响沉浸式体验效果的关键因素之一，同时也是现阶段剧本杀用户决定是否下单及选择门店的首要因素。

（3）DM

DM 即剧本杀里的主持人。一方面，DM 作为游戏的组织者，需要把控游戏进程、推动剧情发展；另一方面，DM 更像一名导演，肩负着引领玩家代入剧情、演绎角色情感的重要使命。因此，DM 是剧本杀的灵魂人物，一名好的 DM 能将玩家的沉浸式体验效果放大数倍。现阶段，由于科班出身的 DM 占比低、市场培训体系缺位、人才流通机制缺位等因素，剧本杀门店 DM 质量普遍参差不齐。

（4）NPC

NPC 即剧本杀里的专业演员，扮演着剧本中玩家扮演的角色以外的特定角色。一般由门店工作人员扮演，有时 DM 也会客串 NPC。现阶段，市场上大部分剧本是不包含 NPC 的，一般只有少数售价较高的实景剧本杀包含 NPC。NPC 在实景剧本杀中往往能将玩家的沉浸体验提升一个维度，达到非 NPC 剧本难以企及的深层次情感共鸣的效果。以实景剧本《九霄》为例，其 NPC 演绎与互动环节占到全剧 70%的比重，耗费 NPC 数量多达 10 人，由此营造出强烈的情感冲击，一场下来，玩家往往哭倒大半，如图 11-4 所示。

图 11-4　《九霄》玩家因入戏太深而落泪

（5）场景

场景即剧本杀活动场地布置。从场景维度来看，剧本杀可分为圆桌剧本杀和实景剧本杀。圆桌剧本杀最大的特点是形式比较简易便捷，只需要桌椅和剧本卡片就可以开始游戏。而实景剧本杀不仅有换装服务，还有等比例还原的主题场景、家具和道具，大大增强了玩家的游戏代入感。显然，实景剧本杀拥有圆桌剧本杀难以比拟的沉浸式体验优势。现阶段，受制于供应端成本和消费端价格接受度，圆桌剧本杀仍然是主流，但从趋势上来看，实景剧本杀的供应占比和消费意愿都在快速提升。

11.2.3　剧本杀市场规模及预测

根据艾媒咨询的统计数据，2019 年中国剧本杀行业市场规模超过百亿元，同比增长 68.0%，2020 年受疫情影响，市场规模依然逆势增长，但增幅回落至 7.0%。剧本杀自带的推理属性、角色扮演属性满足了广大玩家的推理需求和表演欲，同时，剧本杀也为有社交需求的玩家提供了新平台。在需求的推动下，中国剧本杀行业市场规模持续扩大，预计到 2022 年市场规模有望达 238.9 亿元，如图 11-5 所示。

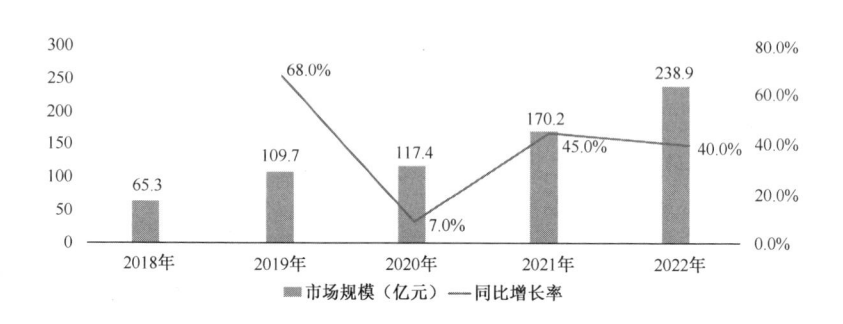

图 11-5　中国剧本杀行业市场规模及预测

远期来看，国内剧本杀市场空间有望接近两千亿元规模。据统计，剧本杀目标受众为 15～39 岁年龄段群体。根据国家统计局的数据，2019 年中国城镇人口 8.5 亿人，其中 15～39 岁人口占比约 34%，估算长期水平下中国剧本杀目标受众（15～39 岁人口）约 3 亿人。在目标受众渗透率提升至 40%、单次剧本杀消费价格提升至 250 元、年均游玩次数达到 6 次的情况下，剧本杀市场规模将达到 1800 亿元。

11.2.4 剧本杀行业产业链

经过短短几年时间，目前剧本杀行业已经形成了以"IP 授权方/剧本创作者—剧本发行方—线下实体店/线上游戏 App—玩家"为主轴的产业链，还延伸出了包括剧本杀 DM 培训、剧本杀作者培训、实景布置与剧本印刷等关联环节。通过图 11-6 中国剧本杀行业产业链结构图，以及下文的详细介绍，我们能够更加清晰地了解剧本杀产业链结构与组成。

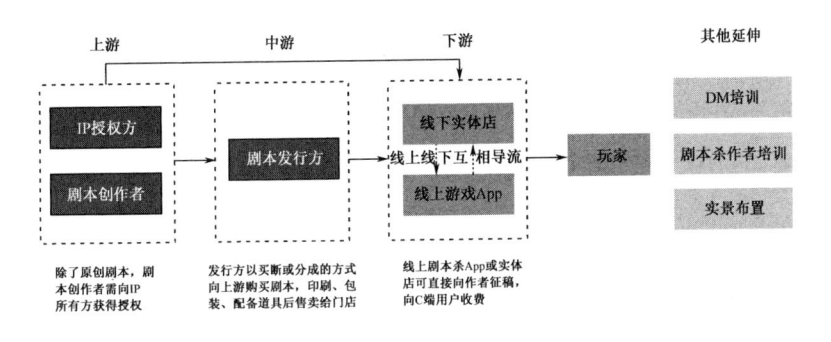

图 11-6 中国剧本杀行业产业链结构图

（1）上游：IP 授权方、剧本创作者

剧本杀作者包括高阶玩家、转行的网文作者、影视编剧等，其中既有剧本杀的忠实玩家，又有本身从事文字工作，后期因逐渐了解剧本杀而转行成剧本杀作者的人。但目前大部分剧本杀作者以兼职为主，只有一些头部作者或专业创作团队以此为生。

除了原创剧本杀，也有一些 IP 改编而成的剧本杀，例如，游戏 IP《王者荣耀》、网文 IP《盗墓笔记》、电影 IP《唐人街探案》等，这些 IP 授权的剧本大多以限量本的形式出现。知名 IP 自带流量，拥有更大的影响力，更容易破圈。

（2）中游：剧本发行方

剧本发行方的主要职责是连接上下游，既负责初步筛选剧本，又负责剧本的印刷包装和相关道具的制作，并向下游发售。剧本杀的整个发行流程非常复杂，包括剧本筛选、剧本测试、剧本修改、包装销售、售后等环节。目前行业内做得不错的剧本发行方有葵花发行、空然新语等，它们都已形成了专业体系。

剧本的发售有三种渠道，即线下展会、线上销售平台、朋友圈推广，其中线下展会是发行方与店面商家主要的交易场所。其主办方一般是全国知名的发行工作室，前来购买剧本的店家可以在展会上体验或测本，并反馈给发行方或作者，以进行后续的完善。

（3）下游：线下实体店、线上游戏App

2019年起线下剧本杀门店数量开始快速增加。2020年国内共新增相关企业3100家，同比增长63%。根据美团研究院数据，2019年剧本杀门店数量增至12000家，至2020年年末，门店数量已突破30000家。其中头部商家"迷之神探""我是谜"在全国分别有直营店及加盟店73家、34家。

2017年线上剧本杀快速发展，出现了一些剧本杀App。2018年大量资本涌入剧本杀赛道，线上剧本杀大幅增加，市场上与剧本杀相关的App有"我是谜""百变大侦探""戏精大侦探"等。2020年疫情期间，剧本杀App用户快速增加，但之后增长乏力，发展遇到瓶颈，主要原因是线上剧本杀缺乏沉浸式体验、好剧本少、社交功能弱。

11.3 线下元宇宙未来展望

24年前,电影《甲方乙方》的"好梦一日游"项目,如今真的照进现实,成为吸引一众青年"烧钱"、一年开出数家门店的实在生意。短短五年时间,剧本杀行业的迅猛崛起已让人侧目,即使仅仅守住目前的玩法形态,远期市场规模攻上2000亿元,超越线下影院和KTV的规模也只是时间问题。然而,或许是源于人们向虚而生的欲望和剧本杀内在强大的裂变基因,剧本杀从诞生之日起,其形态的横向扩张和纵向拓深就从未停止。

11.3.1 横向扩张:与文旅合体,赋能实体经济

2017年,北京一家主营密室逃脱的公司游娱联盟与湖南顺天集团洋沙湖国际旅游度假区合作,在湖南渔窑小镇推出了一个规模极为庞大的沉浸式实景真人RPG项目——"洋沙湖·梦回1911"。游娱联盟以渔窑小镇江南古风建筑为基础,将普通商铺进行了改造,如镖局、布庄、钱庄等,让它们与游戏剧情更适配。另外,游娱联盟还建设了衙门等发生核心剧情的场所,并定制了角色服饰和符合剧情时代的"货币"供玩家游戏时使用,在每一个细节上都尽量营造沉浸感。这是国内"剧本杀+文旅"模式的最早尝试之一。

2018年,成都的一家剧本杀店"壹点探案"租下了临近青城山景区的一家经营不善的农家乐,将其改装成了栽满杏树的古风庭院,

并在其中按剧本布置出了 10 多个独立房间，悄然推出了"两天一夜"沉浸式剧本杀——取材于青城山当地传说的原创武侠剧本《杏》，率先在全国范围内开启了两天一夜剧本杀之旅新玩法。团购价格在大众点评上为每人 888 元，包含游戏、三餐、住宿和玩家从成都到达都江堰的动车票。

2019 年，北京的一家剧本杀店"戏精学院"与象山影视城合作，在《长安十二时辰》拍摄地还原了剧中桥段，以 40 余名演员演绎 5 小时的剧情，将象山影视城的唐城，转换成了具有 IP 价值的沉浸互动体验场域。

2020 年 10 月，广州的一家剧本杀店"查馆"推出了国内首个交互式剧本杀剧场《羊城往事》，玩家置身于广州老城区一栋历史悠久的别墅之中，游戏中玩家需要与工作人员扮演的民国时代人物进行互动，以触发和推动剧情，吸引了不少企业到此团建。

几乎在同一时间，江西上饶望仙谷景区利用当地灵山传说和人文历史创作推出了沉浸式体验剧《我就是药神》，基于望仙谷内百年历史古宅，开设酱、醋、油、年糕、豆腐等手工作坊，吸引游客亲自动手参与，体验一次穿越回古代的文化之旅。

2020 年年底，《文化和旅游部关于推动数字文化产业高质量发展的意见》（下文简称《意见》）明确提出"发展沉浸式业态"，支持文化文物单位、景区景点等运用文化资源开发沉浸式体验项目，以及沉浸式旅游演艺、沉浸式娱乐体验产品等。《意见》的出台，为"剧本杀+文旅"提供了政策支持。

至此，实景剧本杀 3.0 即"剧本杀+文旅"模式正式走入大众视野。年轻人的社交娱乐新宠——剧本杀，也逐渐从线上 App 和线下门店融入民宿、景区、古镇等文旅相关产业之中,引发了新一轮文旅破圈革命。

2021年2月,新世代社交娱乐品牌"惊人院"和有戏电影酒店两个完全独立的合作方第一次试水"剧本杀+酒店"模式。玩家可以凭票参与在有戏电影酒店进行的沉浸式实景剧本杀《红皇后的茶会》。在游戏的两个小时内,玩家将穿着宫廷复古服装出席酒店的茶会,酒店的前台、服务生、保洁员,都作为NPC参与这个故事。

2021年3月,武汉最大的沉浸式剧本杀之一《暗礁——长江专场》在"知音号"邮轮开演。项目运营方将"知音号"打造成4层各具特色的船体空间和复古舱房,5幕互动话剧贯穿整场剧本杀,200名玩家跟随剧情进入游轮的各个区域,穿越回20世纪,和"商界大佬""学界名流"等一起,进行互动游戏,阻止"敌方"转移"情报",共同保卫武汉。

2021年7月,旅行平台飞猪和租车平台一嗨在敦煌推出"房车剧本杀"。剧本以敦煌文化为背景,以房车作为连接景点的工具,每辆房车上都配有专属服装道具、剧本杀NPC及房车管家,路线涵盖了鸣沙山月牙泉、莫高窟、玉门关等敦煌著名景点,让游客上车推理,下车体验景区沉浸式搜证。

类似的"剧本杀+文旅"案例其实还有很多,这里无法一一列举。但我们可以发现,剧本杀之所以能迅速与文旅产业进行融合、碰撞出火花,其实是因为这种模式恰好满足了双方发展的长期内在需要,主要可以总结为以下三点。

第一,景区凭借其宏大的实体场景,为剧本杀提供了更大的游戏空间和故事延展空间,同时NPC的引入也让玩家从室内剧本和卡牌中解放出来，玩家获得的沉浸式体验更强。

例如，2021年国内剧本杀网红打卡地成都周边的崇州街子古镇，成都剧本杀公司"九门文化"将古镇内的味江景区打造成了一个占地4万平方米的武侠小镇，如图11-7所示。镇内有客栈山庄，也有酒坊、镖局、茶铺、衙门等。玩家沉浸在游戏中，与NPC扮演的铁匠、饭店掌柜、当铺伙计、小镇恶霸、茶馆说书人等同台飙戏，仿佛穿越到了一个江湖世界中。

图 11-7　街子古镇武侠小镇

在武侠小镇内，剧本杀分为仅几个小时的轻中度体验和两天一夜的深度沉浸式体验，即使是小白玩家，也可以穿上汉服走进游戏，通过和NPC互动，触发剧情、寻找线索。有了如此宏大的实体景区场景作为支撑，玩家不需要靠想象来代入剧情，也无须靠剧本和卡牌来推动剧情，便可以无缝切换到另一个时空，体验另一种人生。

第二，对Z世代年轻人而言，他们的旅行已不再满足于走马观花式的游玩，而是更看重深层次的参与感和情感共鸣，而剧本杀正好赋予了传统景区前所未有的历史文化沉浸感和参与体验。

例如，2021年5月20日，成都宽窄巷子景区上线了全国首款以城市人文为题材的大型沉浸式实景剧本杀《十二市》（如图11-8所示），其利用宽窄巷子7万平方米的实景场地，以成都十二月市真实历史人文为背景，萃取漆艺、蜀锦、蜀绣、酒醋等代代传承的传统民俗珍宝，用剧本杀的方式，创立因"漆器、蜀锦、蜀绣、酒醋"四项传统手工艺而闻名的"四大家族"，以巴蜀商业经济发展以来的手艺匠作为归类的"十二门派"，再用贯穿于宽巷子、窄巷子、井巷子的信息线索，以及众多真人NPC与玩家的深度互动，让广大游客不仅获得了一次不一样的逛街体验，还重新认识了历史文化遗产。

图11-8 宽窄巷子剧本杀《十二市》

后疫情时代，国内文旅消费面临着提档升级的新机遇，而剧本化文旅的新模式，无疑为国内文旅产业刺激消费需求、吸引新时代年轻群体提供了全新思路。中国有太多的名胜古迹、人文景观、历史博物馆、红色旅游景区和路线等待着新时代年轻人去了解、去触碰、去感受，而剧本杀很可能就是最佳切入点和连接点。

第三，剧本杀能提供其他娱乐方式难以企及的情感体验深度，其蕴藏的最大功效在于，潜移默化地传递正能量、价值观和民族文化，而这种功能价值是极为稀缺的。

相比于影院、KTV、酒吧、密室逃脱、桌游等其他娱乐方式，剧本杀具有集感官体验、沉浸体验、参与体验、精神体验为一体的独特优势，能带给玩家更极致的情感体验，从而更有可能引发玩家的深度思考。因而，剧本杀蕴藏着巨大的教育功效。年轻人大多不喜欢被说教，但如果正能量价值观通过游戏潜移默化地传递给他们，就很有可能被他们接受。

例如，2021年国庆期间，云南千年古城建水首次推出三天三夜亲子沉浸式剧本杀之旅活动，邀请亲子团体共同体验一段关于"临安赶考"的故事，如图11-9所示。在整个三天三夜的行程中，亲子玩家将入住建水古城，扮演成临安时期的古人，全家一起在景区内探索、游玩。玩家在与NPC演员飙戏的同时，还能身着汉服四处游山玩水，在绿水青山环绕的诗意古城中真实体验一回古代科举。随着剧情的发展，亲子玩家还将领略投壶、古琴、射击等传统国学文化，通过与大师对决学习君子六艺，成为站在殿试上参与状元争夺的学霸。通过这种寓教于乐的沉浸式体验，全家一起感受璀璨的中华优秀传统文化，让人们把古老的历史铭记于心，最终感悟中华汉文化的魅力。

我们从以上这些"剧本杀+文旅"模式和发展趋势上不难看出，剧本杀和文旅产业乃至实体经济之间有着天然的连接点和广阔的交互空间。剧本杀的内核是剧情，剧情的本质即故事，而人们天生就喜欢故事。通过剧本杀赋能实体经济各个产业，本质就是通过故事建立和升级产业供给端和用户需求端之间的连接关系，从而帮助实体经济破圈、刺激居民消费内需、实现社会资源的帕累托效应最优，这正好与国家宏观经济发展的政策不谋而合。因此我们有理由相信，以剧本杀为起点的线下元宇宙发展路线具备明显的外部经济性，在实现路径上或许会远远短于线上元宇宙。

图 11-9　建水古城剧本杀《临安赶考》

11.3.2　纵向拓深：引入 Pad、VR 等新技术

剧本杀不断求取更大游戏空间的内在裂变基因，不仅体现在横向跨界整合上，还体现在纵向技术拓深上。

2021 年，芒果 TV 推出 Pad 剧本杀云平台——明侦剧本杀，其将线下传统的纸质剧本杀与 Pad 相结合，使线下玩家能在 Pad 上读本和互动。现阶段芒果 TV 的 Pad 剧本杀主要支持两大特性。

（1）为剧本量身打造插图、视频、背景音乐，相比于原先纸质版剧本，玩家的读本效率得到了大幅度提升。

（2）Pad 剧本能在不同游戏阶段开放对应的故事，从而帮助 DM 和玩家更好地把控游戏进程，减少场外因素的干扰。

同样是 2021 年，主打线下 VR 剧本杀并取得芒果 TV 授权的"芒果探案馆"面向全国开启连锁加盟。其自主研发的 VR 剧本杀目前已支持玩家在搜证环节进入专门设计的 VR 游戏室，戴上 VR 头显、手持 VR 手柄进行 VR 实景搜证和互动，并结合 VR 声音和可震动的游戏室地板带给玩家较为逼真的沉浸式体验。VR 技术与剧本杀相结合的意义在于，用虚拟现实代替真实的门店场景布置，不仅能让玩家获得创新型剧本杀体验，还能大幅扩展游戏活动范围，降低店家场地成本。不过，就现阶段效果而言，由于设备购置费用和专业场地布置费用较高，以及整体 VR 技术和游戏体验的瓶颈，VR 剧本要想在市场中普及并取得理想效果还需要较长的时间。

未来，随着剧本杀市场规模的进一步扩大、优质内容和沉浸式体验需求的日益增加，剧本杀行业供给端必将引入和升级更多新技术，包括 VR、AR、MR、全息投影等数字化沉浸式技术，以及 Pad、App、小程序等数字化互动技术。这些技术不仅能提升线下剧本杀玩家在读本、搜证、私聊、投票、道具玩法等互动环节的效率，带来更加沉浸式的游戏体验，还能有效降低商家的门店装修成本，提升门店坪效比，从而进一步提升剧本杀整体运营效率、扩大门店规模和受众规模。

11.3.3 线下元宇宙版本迭代猜想

当剧本杀这一内在裂变能力强大的新游戏物种不断跟文旅产业、互联网技术融合时，这款升级后的游戏产品，会给玩家带来什么样的新奇体验？

试想一下：在你出门的那一刻，便开启了另外一段人生，城市里的网红景点、网红饭店等，都是故事线上的任务点，店老板是NPC，与他发生不同的对话可以触发不同的支线剧情线索，而你在这个过程中遇到的每一个人，有可能是队友，有可能是任务目标，你需要挖掘出隐藏在这座城市背后的故事，也许是拯救同伴，也许是拯救自己。不仅如此，当你进行任务时，还有很多人可以在线观看你的直播，高阶玩家还可以在线分享攻略，仿佛《楚门的世界》的场景变为了现实。

我们假定以剧本杀为雏形的线下元宇宙思路成立，那么线下元宇宙版本的迭代或许会是这样的。

1. 线下元宇宙0.1版

形式为三国杀、狼人杀等桌面卡牌类游戏。剧情极简且玩法固定，依赖玩家的自我发挥，主要在熟人聚会等封闭场景进行。

2. 线下元宇宙0.2版

形式为以谋杀之谜游戏为代表的圆桌推理类游戏。出现特定剧情和事件线索，玩家扮演陪审团或特定角色，目标是通过推理找出凶手。开始出现一定的游戏沉浸式体验感，主要在熟人聚会等封闭场景进行。

3. 线下元宇宙 0.3 版

形式为以圆桌剧本杀为代表的桌面 RPG 游戏。出现一定的世界观，角色扮演元素占比显著增加，剧情容量显著增大，游戏沉浸式体验感显著增强。主要在线下剧本杀门店等封闭场景进行。除了熟人组团，出现半熟人、陌生人组团等形式。圆桌剧本杀的兴起标志着剧本杀行业正式进入形成期。

4. 线下元宇宙 0.4 版

国内实景剧本杀 1.0 版。封闭的游戏房间被装修成适配剧情的效果；出现换装、实物道具及实景搜证环节；出现 NPC，玩家的沉浸式体验感大幅提升。剧情中，推凶元素的权重逐步降低、角色扮演元素的权重逐步上升。

5. 线下元宇宙 0.5 版

国内实景剧本杀 2.0 版。可概括为剧本杀+密室，玩家的活动范围和场地布置已和密室无异，虽然仍是封闭场景，但实景密室+换装+实景搜证+多 NPC 的加入，能让玩家实现深度的沉浸式体验。如果队友、剧本、DM、NPC 质量均较高，该版本的线下元宇宙可以称为终极版线下元宇宙的 MVP 原型。同时，在此阶段，剧本杀的完整产业链已初步成形，需求侧开始倒逼内容供给侧产量和质量升级，专业剧本杀创作者和发行方数量开始激增。

6. 线下元宇宙 0.6 版

国内实景剧本杀 3.0 版/LARP。在 0.5 版本的基础上，重点通过非技术手段扩大游戏的活动范围、增强场景沉浸度、增加游戏时长等内容指标，丰富时空体验，"剧本杀+文旅"模式出现，剧本杀开启横向跨界整合。同时，剧本杀赋能实体经济的远期趋势和商业潜力使得更多人将目光投向剧本杀行业，大量影视 IP 开始输入剧本创作端，大量资本开始进入剧本杀行业。剧本杀开启横向跨界整合，标志着剧本杀行业开始进入成长期。

7. 线下元宇宙 0.7 版

新技术带动剧本杀进一步升级。在 0.6 版本的基础上，重点通过技术手段完善内容指标和提升互动效率：VR、AR、MR、全息投影等数字化沉浸式技术，以及 Pad、App、小程序等数字化互动技术，被广泛应用到线下剧本杀，玩家的沉浸式体验感大幅增强，游戏效率大幅提升。在此阶段，剧本杀行业规模将超过线下影院和 KTV 的规模，达到 1000 亿元至 2000 亿元。剧本杀成为年轻人线下娱乐的首选方式。

8. 线下元宇宙 0.8 版

剧本杀深度赋能、融入实体经济，而不再只是作为封闭的游戏单元或简单跨界做加法。"剧本杀+文旅"模式开启文旅产业深度革命，剧情化的旅行线路设计、专业 NPC 的全程陪伴、高度个性化的游戏体验，以及具有深刻文化内涵的时空切换体验，构成了全新的、深度私人定制的旅游模式，成为年轻人旅行的新方式。此外，在"剧本杀+文旅"模式的带动下，"剧本杀+餐饮""剧本杀+酒店""剧本杀+教育"等全新业态百花齐放。剧本杀全产业相关从业者数量突破 1000 万人，行业规模突破 5000 亿元。剧本创作端规模、行业集中度、配套软硬件均达到较高水平，剧本杀行业至此步入成熟期。

9. 线下元宇宙0.9版

《楚门的世界》中与世隔绝的封闭小城"桃源岛"、美剧《西部世界》所营造出的西部小镇开始成为现实。通过高度仿真和剧情化的封闭沉浸式会所、园区、度假村、小镇甚至是城市，人们可以逃离现实世界，长期生活在虚拟世界之中，还可以拥有多重身份、体验多重人生。现实身份和虚拟身份、现实世界和线下元宇宙世界的边界逐渐模糊，并出现互相融合的趋势。

10. 线下元宇宙1.0版

现实宇宙、线下元宇宙、线上元宇宙三位一体的局面形成。三者之间互相融合、互相影响、互相促进，元宇宙数量高速增长，人们可以在不同的元宇宙之间自由切换。作为模仿对象的纯现实世界不复存在，仿造物元宇宙成为没有了原本东西的摹本，虚拟与现实混淆，在有限时空之上，无限副本在人类历史中首次出现。

第12章

元宇宙的未来：道路曲折但前途光明

元宇宙通过 VR、AR 等技术构建了一个与现实世界平行的虚拟世界，这个世界弥补了现实世界的不足，没有了空间上的限制，让全世界的人都能紧密联系在一起，甚至可以让跨星球协作成为可能。

虽然现在元宇宙还有很多不足，但国内外的多方力量依然没有放弃对它的研究。可见，元宇宙是人类未来发展的一大趋势。对此，我们应该敢于抓住时代机遇，积极参与元宇宙的构建，争取未来世界的话语权。

12.1 元宇宙中的担忧

元宇宙的发展将为社会带来诸多好处,但我们也不能忽视潜在的问题。例如,数据共享之后的隐私保护问题,元宇宙的高度沉浸感导致玩家不想回归现实世界,秩序落后滋生犯罪等,甚至"元宇宙究竟是文明的进步还是文明的衰退"这一问题也引发了大众的担忧。对此,我们需要冷静反思。

元宇宙或许是时代发展的趋势,但我们不能盲目信奉技术乐观主义,要始终保持清醒冷静的头脑,让技术为我们所用,让元宇宙真正成为人类进步的转折点。

12.1.1 数据安全和隐私保护问题引发关注

要想让每个人都像在现实世界生活那样在元宇宙中生活,便需要庞大的数据支撑。届时,每个人都需要上传自己的完整数据,开放所有授权,这意味着每个人在元宇宙中几乎是透明的。由此便引发了相关问题:我们的隐私在元宇宙中是否能得到保障?我们的一举一动是否都在元宇宙服务商的监控下?

随着互联网的发展,人们的生活与互联网的相关性越来越高,数据安全和隐私保护也成为备受关注的问题之一。个人信息泄露、电信诈骗等问题层出不穷,这让人们在享受互联网带来的便捷的同时，不禁对进一步开放个人信息授权产生了担忧。

与如今的互联网相比，元宇宙的数据体量会更大。为了实现高度沉浸感，用户必然要对元宇宙开放更多授权，包括个人生理反应、脑电波数据等。这些数据的安全谁来负责？如果出现个人信息泄露或被盗用的问题，如何追责？信息泄露会不会对现实世界的用户产生严重影响？诸如此类的问题还有很多，需要元宇宙的开发商们一一去解决，建立严格的监管机制来避免个人数据外泄。

根据 Centre for International Governance Innovation（CIGI，国际创新管理中心）和 Ipsos（益普索）的调研数据，全球有大约 57% 的消费者非常担心网络隐私安全问题。这个调研遍布全球 24 个国家，涵盖了 24000 名年龄处于 16～64 岁的互联网用户。可见，数据安全和隐私保护问题几乎是大部分互联网用户的痛点。

目前，我国已经出台了《个人信息保护法》《数据安全法》《网络安全法》《关键信息基础设施安全保护条例》等多部有关数据安全的法律，这意味着互联网逐渐从无序的蛮荒时代走向了有法可依的合规时代。相关法律法规的出现给企业运用大数据划定了边界，明确了哪些数据可以共享、使用。这些法律从官方层面承认了数据的价值，明确了数据的使用规则和侵权责任，不仅提高了违法成本，避免了无序竞争，还保证了互联网在健康的环境中实现良性发展。

实现元宇宙离不开庞大的流量，流量是我们实现虚拟数字生活的基础，因此，数据安全和隐私保护问题是元宇宙发展过程中必须解决的问题。只有严格保障隐私，营造安全的虚拟环境，才能让广大用户放心地在虚拟世界生活，元宇宙才会成为人类在现实世界之外的第二个生活空间。

12.1.2 元宇宙中的玩家失控风险

元宇宙以高度沉浸感和超高自由度著称，也就是说，元宇宙的终极形态是构建出一个与现实世界无异的虚拟世界，以实现让人类在虚拟世界中生活的构想。那么，人们习惯了在虚拟世界中生活，会不会一味沉溺于虚拟世界，从而导致现实世界的发展暂停呢？这是很多人都在担忧的一个问题。

如今，我们已进入互联网时代，人们生活方式的改变导致很多消费场景发生了变化，实体经济也因此受到了冲击。以超市销售的口香糖为例，近两年口香糖市场销售量大幅下滑，其原因不是其他种类糖果的销量提高，而是微信的崛起。过去，人们在超市收银台排队结账时，可能会顺手拿上两盒口香糖，而现在人们习惯用聊微信、刷朋友圈等方式打发时间，这导致口香糖的一个主要消费场景被占据。

未来，如果人们完全进入虚拟世界，在虚拟世界中拥有了完整的生活，那么那些在现实世界中生活不如意的人是否愿意回归现实世界？显然，这是我们无法控制的。人们会不会因为在虚拟世界中获利更容易而放弃建设现实世界？这也是我们无法控制的。因此，如何找到现实世界与虚拟世界的平衡，用技术推动人类社会的进步，是在元宇宙发展过程中需要引起重视的问题之一。

12.1.3　落后的秩序可能会引发乱象

元宇宙内部的秩序也是人们关注的一个问题。元宇宙提倡去中心化，致力于实现协作和共治。但是，这样如伊甸园般的自由世界真的可以实现吗？

以电影《头号玩家》为例，哈利迪想为在现实世界中经历苦难的人们创建一个乐园，但这个世界却存在一个"第六人"组织，其由IOI在线创意公司孵化，任务是寻找哈利迪在创建这个世界时留下的"彩蛋"。这个"第六人"组织拥有普通用户难以获得的物资、装备、武器，甚至还有一个专业团队负责运作，普通的个人用户根本无法与之抗衡。

试想，在未来如果大部分人都进入元宇宙生活，是否会出现类似电影中的问题呢？互联网巨头和专业团队将垄断大部分资源，各集团为了争夺资源将产生矛盾，进而爆发"战争"，而普通用户只有依附他们才能保障安全和正常的体验。

可见，虚拟世界同样需要秩序和规则体系（如图12-1所示），如果元宇宙最终如电影中刻画的那样，那么元宇宙并没有真正提升人们的幸福感，并没有把现实世界变得更完美，而是滋生了更多矛盾。

首先，元宇宙需要解决虚拟世界的价值流通问题。元宇宙需要将线上线下两个世界完全打通，因此，代币体系可能会面临根本性变革，需要有一套完善的法定数字代币体系。另外，数字资产需要得到像现实资产一样的认证与保护，才能具备直接流通的可能性，从而创造更大的价值。

图 12-1　元宇宙需要的秩序和规则体系

其次，元宇宙需要解决身份认证难题。一个人进入元宇宙只能拥有一个身份，且与现实世界相对应，不能允许用户还有其他"小号"。因此，元宇宙用户同样需要一个类似现实世界中的身份证，凭此追溯用户身份，防止该用户出现违法犯罪行为。

再次，元宇宙需要维持秩序的力量。为了遏制垄断行为等其他侵害他人利益的行为，元宇宙中还需要网络警察局，由其实际在线上进行执法，惩罚犯罪者。另外，因为元宇宙中所有用户几乎是透明的，所以取证过程也将变得非常简单，执法效率将大大提高。

最终，元宇宙需要一套真正统一的元宇宙法。在如今的互联网时代，几个寡头平台垄断了一些互联网服务，通过平台内的管理规定，形成了割据局面。但到了元宇宙时代，高度的互联互通及统一通货的出现，将使割据变成一件困难的事。除了基础设施的提供者，几乎难以再出现如亚马逊、微软、谷歌这样的互联网巨头。所以，元宇宙内部需要一套符合元宇宙背景的法律，让人人都能遵守规则，真正形成一个和谐、自由的世界。

12.1.4　是进步还是衰退

随着越来越多的资本进入元宇宙领域，元宇宙开始被各行各业所期待，但这其中也有一些不看好元宇宙的声音。科幻作家刘慈欣曾在公开演讲中怒批元宇宙，称之为"精神鸦片"，认为元宇宙将引导人类走向死路。

刘慈欣说："人类的未来，要么是走向星际文明，要么就是常年沉迷在 VR 的虚拟世界中。如果人类在走向太空文明以前就实现了高度逼真的 VR 世界，这将是一场灾难。"

这个观点被媒体广泛炒作，让人们不禁思考：元宇宙究竟是人类文明的进步，还是人类文明的内卷？

内卷指的是某一类文化模式到达了最终形态后，既无法稳定下来，又无法转变为新的形态，只能在内部越变越复杂。现在，这个词经常被用来指代内部的非理性竞争，即同行间相互竞争，争夺有限资源，导致个体"收益努力比"下降，整个行业原地踏步。

从人类进化的本质看，在人类过去几万年的进化中，人们通过从外部世界获取能量和资源以换取文明的进步和物种的繁衍，这是一个熵减的过程。而元宇宙是人类构建的虚拟世界，是一个用 IT 营造出的安乐窝，这其中有着虚构出的、无穷无尽的资源。当人们的需求在虚拟世界被轻而易举地满足时，也许他们会放弃对外部资源的求索。而当所有人开始盯着现存的内部资源时，内卷便开始出现了。

有了 VR 模拟出的星空，人们便不会再去探索宇宙和现实的星空；眼前的资源取之不尽，人们便不会再去拓展新资源。然而，现实世界的资源终究是有限的，切断了对外部资源的探索，一味地沉浸于虚拟世界，只会坐吃山空，导致人类文明衰退。

元宇宙并不是避风港，人类文明想要不断发展，依然不能停止对外部资源的求索。元宇宙的出现或许可以弥补现实世界的不足，但人类文明的终点依然是星辰大海，人们关于物理空间的知识水平，以及改造物理空间的水平将决定人类文明发展的高度。

12.2 技术尚待发展

要想真正构建一个与现实世界无异的元宇宙，以目前的科技水平来看，还远不能达到这一要求。要想实现这一目标，VR 技术需要取得跨越式发展，元宇宙中与用户交互的各种设备也必须足够智能，这样才能营造出身临其境的沉浸感。

因此，构建元宇宙不可能一步到位，可能需要经过十年甚至几十年的发展，很难像移动互联网一样在几年内实现爆发式发展。

12.2.1 现有技术难以支撑元宇宙落地

要想实现元宇宙，必须以多种技术作为支撑，网络和算力技术、VR、AR、ER、MR、区块链技术等缺一不可，但在短时间内，某个企业想独立掌握这些技术基本是不可能的。另外，现阶段的技术水平也不足以支持元宇宙的设想。例如，在一些电影情节中，人们可以在虚拟世界中长时间游戏、社交、参加聚会，但现阶段的 VR 设备分辨率只能达到 4K 分辨率（4096×2160 的像素分辨率），并不能达到人眼最自然的清晰度，而且长时间使用设备还会出现功耗过高、设备发热等问题，严重影响用户的体验感。

除此之外，元宇宙中的所有 NPC 完全由 AI 驱动，每一句台词和每一个动作都是即时生成的，也就是说 NPC 拥有自己的"意志"。NPC 是否会对普通用户造成影响？我们还无法确定。

目前，外部算法已经出现了"算法黑箱"，这是目前人类智慧还无法解释的。

职业围棋手李世石在与 AlphaGo 的比赛中惜败，而 AlphaGo 的设计者却不是围棋高手。AlphaGo 通过深度学习和自我迭代生成了一套击败李世石的方法，这一自我迭代的过程，人们至今无法追踪。也就是说，设计者不管基于何种意图设计了一套算法，也无法保证这套算法能按照自己最初的想法产出结果。

我们的世界中就曾出现过算法失控的现象，如果这种不确定事件在元宇宙中产生，AI 可能会对普通用户造成不良影响，甚至对现有的规则体系形成威胁。那时，责任该如何界定，普通用户的权益又该如何保障呢？现在的法律法规尚未给出说明。

可见，如今我们的技术依然存在很多不确定因素，要想实现元宇宙，还需要进一步探索和研究。

12.2.2 高昂的成本令玩家却步

除了技术水平尚待提高，要想实现全民进入元宇宙，成本也是一大问题。现在市面上 AR、VR 设备的价格并不低，一些体验感较好的设备价格大约在 4000 元左右甚至更高，再加上可穿戴设备、衍射波导镜片等其他进入元宇宙的必备数字产品，这一笔花费并不是每个人都能负担起的。

另外，要想在元宇宙构建一个虚拟世界，其中交互的用户数量势必是非常庞大的，甚至会达到亿级以上。然而，目前的终端服务器承载能力有限，即便是一些大型游戏服务商也未必能承受数亿用户同时在线，这不仅要求服务商实现技术的跃迁，还要求服务商承担高昂的维护终端服务器的成本。

12.3 奇点临近

我们很难完全预测未来元宇宙将如何影响我们，但可以肯定的是，元宇宙是未来互联网发展的方向。如今，元宇宙在各个领域已经萌芽，新的人类文明奇点即将临近。

12.3.1 沙盒游戏搭建元宇宙雏形，衣食住行皆可体验

迷你创想在发布会上，公布了公司的三大战略规划：一是，丰富《迷你世界》的内容生态；二是，加入 3D 场景化编程创作工具《迷你编程》；三是，进行迷你 IP 文创的开发。

迷你创想是一家沙盒游戏公司，这三个战略布局意味着迷你创想将向沙盒 UGC 创意平台演进，从而搭建元宇宙雏形。

1. 构建内容生态

内容是游戏的核心竞争力，如何让用户持续生产内容，是很多游戏公司都在思考的问题。对此，《迷你世界》的目标是降低用户创作的门槛，让每个用户都能参与创作，通过专业工具，扶持优秀玩家，让其制作出更多元的内容。

目前，《迷你世界》有近 40 万名认证开发者，这些开发者为《迷你世界》提供了很多丰富的内容，创造了更多价值。同时，这些开发者也从创作的内容中获得了经济收入，享受到了《迷你世界》的商业化优势。

这种思路与国外沙盒平台 Roblox 高度相似，其将从用户那里得到的收入补贴给创作者，激励创作者产出更多内容，进一步吸引更多用户，从而形成内容自生长体系。这样的内容体系不受官方内容生产能力的限制，打破了游戏内的内容规模的瓶颈，形成了复利效应。

2.《迷你编程》

《迷你世界》加入了基于沙盒游戏探索的编程兴趣教学，让游戏的自由度更高。用户可以像玩积木一样，调用素材库的模型，如树木、花草等，进行编程改造，如图 12-2 所示。《迷你编程》设计了一种类似闯关游戏的关卡式课程体系，将编程教学的学、测、练变成游戏，融合在各关卡中，让用户在玩的过程中学会编程。

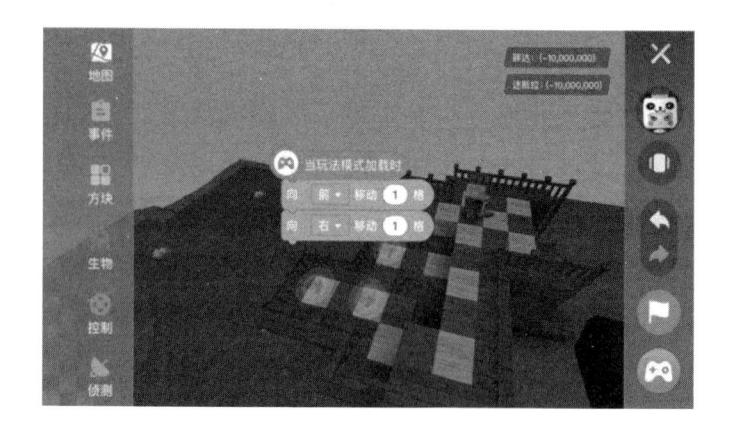

图 12-2 《迷你编程》创作界面

此外,《迷你编程》还支持联机创作。多个用户可在同一场景内,同时进行创作。用户可以将自己作品的源代码分享给其他伙伴,让更多人参与调试和改编。最终,形成创作、分享、学习、再创作的独立循环体系。

3. 布局元宇宙

除了鼓励用户创作、编程教学,《迷你世界》还将拓展数字场景,让用户能实时互动,例如,用户可以在某个自己搭建的场景中开演唱会、做直播、在线讲课。为此《迷你世界》和 QQ 音乐进行了深度合作,希望在《迷你世界》举办音乐会,拓展社交功能,让不同年龄、地域的用户都可以参与到数字化交互场景中。

《迷你世界》还构建了游戏创作者和视频创作者双生态体系。在游戏平台,针对不同内容需求,《迷你世界》为创作者提供编辑、测试等开发工具,丰富游戏场景。在游戏平台外,《迷你世界》还与其他内容平台达成合作,为创作者提供免费的资源,让其可以通过视频、音频等形式输出内容。

《迷你世界》的诸多尝试和探索已经接近了元宇宙的初级形态，即虚拟世界与现实世界高度同步和交互，用户拥有极高自由度，可以在虚拟世界中自由创造和探索，进而形成自给自足的内容生态。

此外，《迷你世界》还积极进行了 IP 文创的开发。迷你创想 IP 形象盲盒曾入选天猫"双 11"高端潮玩盲盒榜第二名。其中，"迷你宇宙少女团""迷萌假日"系列盲盒售出了 200 万盒，而许多买家并非游戏玩家。

《迷你世界》希望通过 IP 宇宙的构建，让更多人了解迷你创想 IP 宇宙的世界观，从而吸引更多合作伙伴和独立创作者，让其和官方共同建设元宇宙，朝着真正的元宇宙迈进。

12.3.2　国盛证券打造虚拟总部，探索虚拟领地

2021 年 7 月，国盛证券在 Decentraland 建设的国盛区块链研究院虚拟总部上线，这是我国券商对元宇宙的一次有益尝试，如图 12-3 所示。

国盛区块链研究院虚拟总部分为一楼和二楼，一楼是国盛区块链研究院的成果展示区，点击某个成果可以跳转至公众号的文章。一楼中间的背景墙上是国盛区块链研究院简介，包括相关的采访报道和活动照片等。大厅中央是国盛区块链研究院的吉祥物，其可以和用户进行简单的互动，并对虚拟建筑进行介绍。

图 12-3 国盛区块链研究院虚拟总部

国盛区块链研究院虚拟总部的二楼是会议大厅，国盛证券将这里变成路演、交流研究的场所，希望与世界各地的用户交流观点。虚拟总部上线当天，就吸引了许多元宇宙爱好者前来参观。

随着元宇宙的发展，虚拟土地成为底层资产，用户也有了建立自己虚拟领地的意识。国盛证券建设的虚拟总部就是对虚拟领地的一次探索。其中，国盛区块链研究院虚拟总部的二楼还具备一定的社交功能，用户可以在这里创作内容（路演）、交流互动，已经形成了元宇宙社区的雏形。

12.3.3　线下元宇宙或许是平衡虚拟与现实的最优解

完全的线上元宇宙也许是一次人类文明的回撤，但人类"向虚而生"的欲望又促使元宇宙成为发展的一大趋势。从这一点来看，既融合互联网技术又紧密捆绑客观世界资源的线下元宇宙，或许是平衡各方的最优解。

1. 满足人们去虚拟世界探索的诉求

线下元宇宙用故事给玩家营造了一个虚拟世界，在这个世界中，玩家有足够的沉浸感和参与感，可以体验到现实世界中没有的场景。另外，随着 VR 技术的成熟和普及，这个场景还会进一步扩大。例如，剧本杀等游戏"无需到店"便能体验，而这又会倒逼线下门店升级环境和玩法，最终使剧本杀玩法变为横跨现实世界和虚拟世界的多元化玩法。这样，人们没有完全离开现实世界，但又借助虚拟世界提升了体验，增强了沉浸感。

2. 满足人们通过外界汲取能量、不断进化的需要

线下元宇宙依托现实世界的资源存在，仍需要人们不断探索外部资源。例如，"剧本杀+文旅"模式的出现便是人们探索外部资源的表现。人们为了使线下元宇宙更具真实的体验感，会不断挖掘外部资源，在这一过程中，可以有效帮助实体经济破圈，让更多消费者到线下消费，以实现社会资源的最优分配。

未经许可，不得以任何方式复制或抄袭本书之部分或全部内容。
版权所有，侵权必究。

图书在版编目（CIP）数据

滚烫元宇宙：6小时从小白到资深玩家 / 危文著. —北京：电子工业出版社，2022.2
（元宇宙）
ISBN 978-7-121-42560-8

Ⅰ. ①滚… Ⅱ. ①危… Ⅲ. ①信息经济－通俗读物 Ⅳ. ①F49-49

中国版本图书馆CIP数据核字（2021）第265638号

责任编辑：黄　菲　　文字编辑：刘　甜　　特约编辑：刘　露
印　　　刷：三河市鑫金马印装有限公司
装　　　订：三河市鑫金马印装有限公司
出版发行：电子工业出版社
　　　　　北京市海淀区万寿路173信箱　　邮编：100036
开　　本：720×1 000　1/16　印张：16.75　字数：221千字
版　　次：2022年2月第1版
印　　次：2022年2月第3次印刷
定　　价：68.00元

凡所购买电子工业出版社图书有缺损问题，请向购买书店调换。若书店售缺，请与本社发行部联系，联系及邮购电话：（010）88254888，88258888。
质量投诉请发邮件至zlts@phei.com.cn，盗版侵权举报请发邮件至dbqq@phei.com.cn。
本书咨询联系方式：1024004410（QQ）。